古狂歌 気の薬 あくまでも不完全大集

（近出版予定・未定の別冊とその決定・仮定の書名）

本書は、下記なる「古狂歌 ご笑納ください」の
大文字（14 フォント）の五分の一の短縮版

『古狂歌 気の薬のさんぷる』

978-0-9979463-3-8

I0153044

万葉集まで首狩に行ってきました

『古狂歌 ご笑納ください』

978-0-9979463-0-7

託せば思ひも軽くなります

『古狂歌 物に寄する恋』

978-0-9979463-1-4

鮑の貝も戸ざさぬ国を祝ふ

『古狂歌 滑稽の蒸すまで』

978-0-9979463-2-1

近刊。状況次第に出版の順番は変わるが

面白く歎けば悩みも有難い『古狂歌 貧乏神にブルース』
にゃんでバチ当たる吾が輩『古狂歌 猫は恋に限らない』
神祇と釈教こそ屁理屈の穴場『古狂歌　神と仏を弄ぶ』
乱髪より面白う黒田月洞軒は『古狂歌 色を好むさし男』
三十一字は画に勝る事もある『古狂歌　画賛の画廊』に
柿と梨に目がない贈答の理『古狂歌 人と人の輿あれば』
『古狂歌 珍題集』に『古狂歌 森羅万笑』に『古狂歌 来る
世虫に成ても』や、『古狂歌 七夕の絵空言』に『古狂歌
笑化に良食物』と『鉄砲・鞠・水遊のまだなる雑題集』

「ご笑納ください」の大文字短縮版

古狂歌　気の薬の

さんぷる袋

robin d gill

敬※愚

Flying Tofu

~~~~~~

P A R A
V E R S E
P R E S S
~~~~~~

古狂歌 気の薬は
拙出版社 paraverse press の
初和書のシーリーズになります。
Author-publisher の美しくない日本語の僕は
只今、ふるさとの小島 Key Biscayne フロリダに
住みながら、一早く日本へ戻るように頑張っておる。
ソフトの問題で当分サイトの paraverse.org にメイル無用。
Facebook か Twitter か hotmail.com の uncoolwabin で連絡を

誤謬と誤訳と追加も あるから当の有無をオンラインで調べて下されば、感謝しますが please check for errata & glosses at paraverse.org, or elsewhere, if I have not yet remade and updated the site. 司書諸君、愛するぞ、ご了解下さい

The main title: Furu Kyouka Ki no Kusuri Sanpuru
sub-title: Go Shounou Kudasai no tanshuku-ban
書名の本題は『古狂歌 気の薬のさんぷる』
副題は「ご笑納下さい」の大文字短縮版
著撰訳は ロビン・D・ギル 1951 生
author: robin d gill. 狂号は敬愚
selection, translations, mistranslations
explanation and editing all by the same
ISBN# 978-0-9979463-3-8 (pbk)

A condensed version of Furu-Kyouka GoShounou Kudasai,
one-fifth of the original, in size 14 font for easy reading by all.
1. 万葉から幕末までの温かい狂歌と狂趣ある和歌の総合紹介
2. 宿屋飯盛に学び狂歌ジャンルの大観を歌例で論証する文学批評
3. 「古狂歌 気の薬 あくまでも不完全大集」の内容の見本の見本
4. 祝賀、罵倒、新年と四季、恋、懐中、懐旧、もじり、旅、ルポ、
画賛、哲学、酒、食物、神祇、釈教、凶悪の吉善化、辞世、哀傷、
6.月暁、雄長老、貞徳、行風、太女、未得、正式、卜養、信海、
月洞軒、貞柳、赤良、飯盛、智恵内子、真顔、一茶、天地根、言道、
良寛、小野小町、元方、旅人、貫之、業平、和泉式部、西行、俊頼等

First edition, printed by Lightning Source 注文は Amazon, Google, Ingram 等
出版流通大手 INGRAM CONTENT Group の子会社であるライトニングソース社

目次

★冬 98　初冬の傑作　99 貧乏神無しは？　100 時雨の描写は人の描写也　101 芭蕉の時雨は先ず、この狂歌だ　時雨を嫌うのも狂歌の特権　102 落葉の冬の陽気や冬の魂を見た狂歌
103 枯野菊をじっくりと　寒夜の Q と A の人丸
104 炬燵に鮟鱇の道具を食う連中とは　105　雪見の芭蕉を羨ましがるか　106 雪こかし宣告　雪嫌いも二首　107 大雪の美の誇張　怖い雪女とは　108 人殺す河豚汁の温かさ　薬食の恐ろしさとすき焼きの楽しみ　110 海鼠の腸はこのわた　氷のあつさ
112 珍たる霰　柱氷は冬眠印か 113 煤払の爺と猫　尻だらけなる行年　114 椿も良い年の尻ぞ　115 節分は鬼もくさやも　妻も面白い　116 行年を哀れと思わぬ　117 何もくれない年暮の類

★恋　119 無心にもこころ有る恋とは、和歌の大半になるが
121 我が　恋ハという物は尽くし　122 涙を感謝するのも狂歌と同じ理屈　思ひ＝火にこがれる恋の代者になる蛍
123 火山と恋の初例か　124 大尻好きは男色なる国
125 珍しい大尻女フェッチ　女の洗濯するを見て
126 枕という舟　127 夢を弄ぶ万葉人　重い＝思い
128 釣り針というヤバイ比喩とヤバイ提案　129 掴みにくい鰻や海鼠など　131 二人が蛸　132 全く不二なる片思　恋風邪に腎虚に中風　133 後朝は復活際か　逢瀬より面白い後朝か
134 大人か夫婦の恋はこれ　135 辻君から遊郭までも
136 物に寄する恋の可能性と読者諸君へのアピール：
面白い題を教えて

★雑
※138 旅　写真機以前、観光と詣でのシュール
139 有馬という貴族の遊び場と狂歌の縁は
140 西行の観光シュールと後期　江戸の反旅考
※141 英国のバラッド読売ぞ、評とルポの狂歌も見よ
142 泰平の日本では、歌舞伎は危ない理由
143 時事も日記の内だが　145 抜参り＋初乞の恥ずかしい
※147 落首の復活物語　148 古典落首が　急に落首事件の虐殺
149 首を領ける落首　150 神の前にも詠む勇気は

導入部

気の薬を祝ふ

呑まねども読みにさえなお気の薬
これぞ百薬の長が狂歌集　露月亭 1766
We don’t drink but read – this medicine for the soul,
chief of a hundred remedies, is a book full of kyouka!

本書を含むシリーズ名「古狂歌 気の薬 あくまでも不完全大集」は、上記の近世上方の狂歌業書の第 24 冊目の最初の本『狂歌気のくすり』の 1766 年に 114 歳を祝う翁金八老人の賀歌中の狂歌に因む。露月亭は上方狂歌の祖貞柳の高弟子米都の門人。笑うと皺が顔に出るも命を延ばす狂歌。その薬をよまない人は、お気の毒です。

敬愚の弁護

踏み知らばめくらも蛇におちつべし
知らねば易き和歌の道かな　盲人私可多咄 17c
Ignorance is bliss – even the blind will trip on snakes if they
know of them so, you see, the Way of Waka is easy for me!

和歌は狂歌と限らないも、狂歌は和歌だ。和歌には蜜伝などある厳しい道と云うが、それを気にせず狂歌を詠めば上達は意外に早い。理屈の判る能力さえ身につけたら子供もよめるが、愚に返る年から、始まった者も多かった。

古綴法と視覚の駄洒落

春部中蕨　大指を股に挟まぬ握り手の
何おかしくてわらひと云ふらむ　天地根　後期上方
Clenched, but thumbs can’t be found even in each fist’s crotch:
bracken bairne punching the air are just too funny to watch!

現在の日本語しかねる世界にも珍しい言語の視的な機知の好例。古典和歌にもあるが、狂歌に多い手です。脚韻訳の機知は、原歌の「わらひ＝わらび」に負ける。

古今序と屁理屈

歌よみは下手こそ良けれ天地の
動き出してたまるものかは　飯盛　天明中
Our Bad Poets, I say, are the ones to be preferred –
Who wants to see Heaven and the Earth disturbed!

古今和歌集の序にある、歌に天地を動かせる力あると云う古代中国の発想を弄んだ天明狂歌の大御所宿屋飯盛の著名歌。こうして通念の足裏を擽る生意気こそ歌の最高のユーモアかと思う。それを理解しかねた本居宣長の門人は頭こそおかしかった。この歌を好む者は拙著『古狂歌 滑稽の蒸すまで』も薦める。

上方狂歌も古今序を弄ぶ

ちょっと見て心動かす遠眼鏡
古今の序にも似た君の顔　東陸　1759
Oh, that telescope! My heart is moved by just a glimpse of you,
which means thy face resembles the preface of the Kokinshu!

宿屋飯盛より早く上方狂歌にも古典を弄んだが、この恋歌を見た「君」の反応を知りたい。普通ならば「嫌だ！覗かれては」と怒るが、ユーモア・センスの抜群才女だったら、腰抜けて笑ふ臍に沸かれた茶を詠んだ人と共に召し上がるかも。

陽気と陰気のジャンル

天地（あめつち）ハとても動かさざれ哥に
我れが心の鬼を和らぐ　　抱臍　1787 以前

Hardly moving heaven or earth, my poems not worth a fart
still work to mollify the hard-assed demons in my heart.

歌の効果論の最も尤もな結論でしょう。二十八歳の抱臍の「動かさ（ぬ）」が「ざ（じゃ）れ歌」へ転じる掛詞は、飯盛の読み易い名歌と異なる荒っぽい上方の鄙ぶりかも知れないが、戯れにと言えば卑下で、詠む事自体は己が気の薬になる。精神を癒す治療法 poetry therapy の界にも、haiku 作こそ外なる自然を見て自我を忘れる陽気になる良薬と思われば、現代詩と短歌は内向きで心に毒々しさを培養し、詠めばますます陰気になりがち。それぞれを詠む者の没齢や自殺率の統計を比べずに、印象でしかないが…。

今日から狂歌の得も証言

1820 以前　よみえたる言葉の今日も面白き
一ッさく日からつゞくひな歌　芳蘭　1799-1867
The words I've learned to compose make today as interesting
as yesterday, when I started the rural ditties I'm kyouka-ing!

読み得たるには「見えたる」も潜む、「今日も」に「狂歌」、「一昨日」に「作」、鄙に「日」…。驚いた。愚に返る上方の人と思えば、江戸出身の若者が詠んだ上方の本に出た首。先ず狂歌詠み後に国学者として『音韻考証』等、お堅い著作で知られた。その結び？和歌と俳諧と比べて、言葉自体を意識し詠む狂歌の self-reference を許す所は、哲学の修行にもなる。ごく若い人も、狂歌は気の薬と言わずも、心にどれだけ早く効く証言を残した。敬愚にも証言ある。健康でない自分ながら癌の治療に苦しんだ妹と老犬と誰も使わないプールの面倒を見、雑草と寂しさ（妹は親切だったが知性と言えば…）と格闘中、ずっと続けた俳句を休憩、狂歌を読み又脚韻訳をしながら、知性の能力と精神の初心、つまり元気を保つ事できた。しかも、狂歌の中に沈んだ間に、特病の耳鳴も気づかずにいられました。

大変な凶悪も吉化

玉箒星を見るにも君が代は
塵をさまりていや栄えなん　　権僧正公朝
In my Lord's Reign even this great Comet shall be Thy broom
to sweep away our troubles, bringing affluence, not doom!

文永元1264年に詠まれた権僧正公朝の玉の歌は、二万首ある1300年頃成立の『夫木和歌抄』の「天象」部の「塵」が題中から拾った。調べたら、何百年ぶりの最大の彗星がその年現れた。日蓮などがその凶を騒いだりしたが、上の天才は世の凶を吉化しながら「君が代」も祝う歌を詠んだ。万葉集に溯る「箒」と祝い、又お酒との関係などは「ご笑納ください」は細かい。ここで、いったい何故、この傑作が著名歌にならなかったかの問いにしておく。なぜ狂歌も無視されてきたと同じ理でしょうか。

神と理屈責め

日の本の名に合うとてや照すらん
降らざらば又あめが下かは　詠む人しれず
Of course, it shines! – if not, this would not be home to the Sun,
but without ame=rainfall, how can we be under ame=Heaven?

多くの古き良き文明の神は「これだったら矛盾ではないか、神さんの見過ごしでは」という理屈責めに弱かった。男は女の服装を着たり、ロバを後ろ向きに乗ったりしながら祈るが、日本では、責め方の祈りがもっぱら歌に依りました。上記は、式部か小町詠みとされがちだった、中世の歌徳説話文学の無名人よみでしょうか。雨が天のオチを尾句まで預けた上に余韻ある「〜かは」止めの傑作だ。神ませば、笑って雨を一早く降らせるに違いない。

君が顔の変な祝い

祝　君が顔千代に一たび洗うらし
汚れ／＼て苔の蒸すまで　雄長老　桃山時代
Thy face, it seems, is washed but once ev'ry thousand reigns,
dirt upon dirt builds up until the moss thy Age proclaims!

再載も多い。女の君と先ず思ったが、判者はやばいと書いた。親戚だった秀吉だ。敬愚の珍仮説：信長が風呂で暗殺されたから御へそだけではなく秀吉は全身も洗わなかったか。

狂歌の自慢と髭の天神

信海(1688 没)が歌人がよく訪ねた湯島の天神別当「喜見院が許へまかりけるに兼て狂歌の頓作聞き及び侍り所望と言へれば」

我が歌に作意の自由しまするをさらば申してきけんゐん哉
To show you the freedom of my poems to create better yet;
Ask me for anything and, at Kiken-in, that is what you'll get!

「かく詠みければ、狂歌とても自慢ハいかにぞや、ちと卑下ありても良かるべし」と傍なる人の不満を聞くと師は、

狂歌には自慢天満大自在天神ひげをしても良けれど
Kyouka has it all, our vanity fills heaven and our hearts are free,
still, as our Sky-God's whiskers(hige) pun, we also love humility.

道真は自由自在天神と云われたが、自由を肯定する事は明治以後の洋書の翻訳者とよく書かれているが、狂歌には良い言葉になりがち。。米国のラップ・ミュージックを思わせる信海のような自慢は珍しかったが、1666 の大狂歌集に再載の名歌だ。

腸ばかり抜く泰平

寄太刀魚祝　かくばかり納る御代は太刀の魚も
抜くと云うのはワタ計り也　丸五福亭染　1783
In this Reign where thy rule extends so far only the spawn
or guts are now pulled out, no sword-fish is ever drawn.

『古狂歌 滑稽の蒸すまで』から抜けた何百首の滑稽の賀祝歌の一首。大系譜の泰平中の副系譜治まる＝納まる中の武器の中の寄魚祝より。天明中が上方狂歌也。

古希年の涙は読者諸君の為

★つわものと人や見るらん十とせづゝ
七つ道具をおひのことぶき　如錐 1778
（寿の画数を仄めかすも負い＝老も寿に武器も）
At seventy, we see in you a warrior: at your kotobuki core
behold buki and strokes enough for all seven arms of war!

武道の和英訳と自著もある友人 William S Wilson の古希賀の為に、上記を含む七首ほど英訳したが、宴会で読んだ間もなく、寂しくなった。酔えば、敬愚は馬鹿情緒になり、目も直ぐ潤むが、こんなに楽しい狂歌を、本国に知らない一億人もおられるのが可哀想。

酔っ払い天国日本と狂歌を繋ぐ実験

生酔の行き倒れても辻番の
よく世話をする御代ぞめでたき 赤良
巴人集（なまゑひ＝生酔の礼者＝の変種も）
What a happy time to be alive, knowing without a doubt
the police will help you when you drink 'til you pass-out!

生酔は当時、泥酔の意味。天明狂歌の聖なる赤良の「めでた百首夷歌」の最も大胆の一首だ。今も日本は酔っ払い天国と云う。交番は高評判。名歌名句集には何故、この歌はいつも見過ごされて「生酔の礼者を見れば大道を横すぢかひに春は来にけり」の方になるか。T シャツに書いて、花見の学生に着せたい歌じゃ。赤良や天明狂歌以外にも、酒を祝う狂歌が多い。当然だ＝ほろ酔（米国の運転禁止の法的酔の.08 を少し下回る.07）の学生達は remote association puzzles 遠連想を求む知能試験の正解決率は、飲まず正気の対象群の三割以上だった事を示した実験もある。

泡も福の女神の帆船病

詣でする道にて泡をふくの神
これぞまことの弁財てんかん　卜養 T32

On the road to the Shrine of ye Goddess of Weath, a sign of plenty:
foam that overflows a mouth – a Charm we have . . . in Epilepsy!
（↑癲癇も福の神と連想し凶の吉化。↓は、欲張の比喩です）
On a pilgrimage to the Goddess of Wealth, men foam over insane,
as if they had the malady some call 'holy' that puns Her Name!

弁財天の吉化か、比喩か。欧州で癲癇症は王族に流行り恵まれた天才と結ばれては、比喩の方の差別のバランスになる。江戸で藩医を勤めた上方出身の半井卜養（1607-78）は、上戸が下戸を攻撃した数え歌を反論した、良心ある人で歌を一応信用した。

悪口も気の薬になる好例

書物も残らず棒にふるさとの
人の紙魚／＼憎き面哉　一茶

How They Do *Bug* Me!

All books must go: that is their wish –
In my hometown, capital to silverfish!

（二十年後、我がみだ＝お父さんが残した書物で）
Papa's papers, saved for me, the fruit of his hard labor...
Gone! My hometown's motto? "Silverfish thy neighbor!"

棒を振る⇒古も紙魚⇒しみじみも英訳無用が、故郷の掛詞は中世の和歌まで遡る。文化三年に出た江戸狂歌本の中のに紙魚の助動詞化の本語句も見つけた。「寄虫恋」が題で高積の「虫の名のさてもしみじみ嫌うかも送れる文はあな封のまゝ」は、一茶より七、八年も早い（余談が、日本国語大辞典にもない「あな封」は閉じ方か）。罵倒歌は悪く思われがちを、怒りこそ人の心身も食ってしまう。狂歌に託せば、それを解す事は可能で長生きは可能。ただし、怒りこそ、面白く詠まねば。相手に見せない方も良い。自分の気の薬になるから、大切にすべき歌だ。

天神の神社の歌碑にこれ！

砂糖よりあまみつ神のいますこそ
山蜂多くありまなるらめ　白布行風
（天満つ＝甘蜜も在り⇒有馬も英訳無用が）
Sweet as honey, our God must present be & here is why
– in the hills of Arima don't hosts of hornets fill the sky?

歌人の守護神道真が、先に述べた自由自在のみならぬ、蜜蜂の甘さに限らず、敵に短命など不運を齎し懲らしめる山蜂に詫く天満天神の生き霊になるが、狂歌は大神社奉納歌でしょうか。とは言え、狂歌をジャンルにした大勢の詠む人の最初の三冊の大狂歌集（1666、1672、1679）の選・編集者の行風は極めて好人物で、さすがに甘さを強調する。因みに、膨大の観光案内『地誌所載狂歌抄』の 1672 年の「有馬編」の編集も彼になる。

新年部

和歌の内の狂歌の子沢山の本歌を考えて

1310 年の夫木集再載　暮はてぬ年のおわりに春立て
定めかねたる我がよわひ哉　　葉室光俊（1203-1276）
Spring is here in the Winter before the Year turns its page:
another thing that can't be settled . . . what about my age!

在原元方の古今集の最初の歌（年の内に春は来にけり一年を去年とや言わむ今年とや言わむ）を、子規は見下した余り、編集者の貫之までも悪口を重ねたが、和歌の片手で数える光俊の狂趣の豊かなる歌を含めて子沢山の本歌になる。陰陽暦の体験なかった子規の判断の片手落ちだ。万が一光俊が在尾張（おわり）の任務に勤める人だったら、更によいが、そうでなくても年内立春の問題を我が年齢のそれとする私化は、本歌をはるかに凌ぐが、1778 年に出た紫笛の「唐人に会う長崎へ行くこの身あつち者やらこっち者やら」という相対主義は結局、あの歌を親にしたか、どうか判らない。どこまでは、派生歌と認めるべきか。

鴬の涙＜対＞丑の涎

鴬の氷れる涙はいざ知らず
人ハなきこと言わぬ元朝　百丸　題林の再載

Classic Nightingale, I don't get those frozen tears, but if you're crying
instead of singing, that is something we don't do to welcome Spring!

出た本が後期江戸になるが、「丸」名から上方の人か。貞徳は垂れ氷柱を丑年の涎と作句したごく自然な観測は馬鹿にされてきたも、更に馬鹿げてる鴬の涙のそれが多い古典和歌は、この間接的な批判までは蕉門に無ければ変だ。念の為、大和言葉を和歌でよく祝う正徹が 1459 以前に詠んだ「歳暮恋」を見よ：「さ夜ころも涙のつらら年暮れぬたれにとくらんよその下紐」。微妙な掛詞は兎も角「よその下紐」だと貞徳の句より「ぎゃっ」ではないか（火事で何万首の損失なかったら、正徹が狂歌の祖に成ったかも）

吉原の煙草に大麻でも混じったか

摺物狂歌　　一夜あけて心の駒いさみつゝ
ふける煙草のわ乗りをぞする　山陽堂　1798 午年

Up all night waiting for Spring cannot come soon enough
our pony hearts race around the rings of smoke we puff!

拙著 *Mad In Translation* の数千古狂歌の英訳以外には、99%の狂歌の英訳（又独逸訳？）は摺り物になる。狂歌師は恩人と他の狂歌師と門人などへ配った絵が中心になるから欧米の美術館出版に取上げられて、本によるが、記号上の説明は悪くない。脚韻ふんだ狂訳は敬愚に限るようで、原歌の面白さは到底伝われないが。

昔の霞は江戸初期は煙草也

たばこ呑む内より春は来にけらし
煙も霞むはなのさき哉　正長　1666
Spring just came, right as I took a smoke – you think I joke?
The haze that comes with it rose from my blooming nose!

馬の輪のる首ほど新奇ではないが、行風編年の『古今夷曲集』の四番目の歌も傑作。花の先＝花の咲きは素晴らしいが。

道草：早々の煙草の是非論

九せとして煙草にすげる人毎に
我は持病の治りたと言ふ　百物語 T 参 31
All tobacco addicts will make the same damn claim:
Whatever ails them, the cure, smoking, is the same!

十損のありとは知りて呑むからは
煙草にまさる慰みは無し　同　1630～40？
To smoke, however high the cost, is simply wacko,
which only goes to prove, no relief beats tobacco!

狂歌大観の参編に古今問わず四十四狂歌の中に、詠人知らず煙草の危険を警告する十首の数え歌より。数字は英訳できなかったが。Wacko は wacky(crazy)を脚韻に合わせた新造語。1806 前の川かせの上方狂歌「大和歌からうた作る案の種煙草や言の葉草なるらん」のように思考と、禅教の悟りとその煙の輪を結ぶ歌例もある。秀でた首が多く、タバコを別冊の単行本にしたい。

わが息の造化

春立つという口よりも出る息に
あなたのやがて霞初めけり　鷹並　1813
Breath comes out from mouths that shout “Spring is here!”
And, in the horizon, ere long we see the mist appear.

後期江戸の狂歌。鼻の先に花の咲く 1666 年の煙草にも似通うも、これは上かと思う。息の重ねて春霞になる新案は最好！

澄んだ声の初日

通りますと岩戸の関のこなたより春へふみ出すけさの日の足
From the far side of the Cave-door gate, “I’m coming through!”
And, we see the Sun’s bright legs stride into Spring anew.

粋の天明美人狂歌師智恵内子ならではの天照大神のさっぱりとした声。とは言え、関一つよりも遠近に分けて江戸に入る日光かも。

狂歌ならではの精密で滑稽な比喩

摺物狂歌　今朝となれば霞の海を大蟹の
いとゆったりとあゆむ日のあし　桜川慈悲成
Come the Dawn, how slow and easily the Sun beams expand
like legs of a giant crab through seas of mist o'er the land!

1830 頃になる。旭光はちょどそういう感じ。これを凌ぐ初日の出の伸ばすイメージはあり得ないが、精神上の感覚は、又別。

今は昔でない感謝も狂歌

神の代の骨折り見えて天の戸を
易くも明ける日の初め哉　坂月米人　1794
The Gods of old had to work so hard but now it is easily done;
She opens and shines through Heaven's Gate, our new Sun!

同じ天明狂歌の米人の歌は、知恵内子の「通ります」の名秀歌に比べて、いかがですか。君が代を無言に祝いながら、いかにも心よく初日出を喜ぶ！睦月で年の「安産」の感謝にもなる。

歌詠みの過程を詠む狂歌ならではの前衛

よみ歌は又古としや明けて今朝あらたま／＼に出来たと思えど
My poem began 'Another last year' before the dawn of the New
surprised me with better words from where I have no clue!

僧源聖院観阿の 1783 以前の上方狂歌。初筆ながら、歌詠みをこうして何となく詠む狂歌をよく言えばメタ文学。悪く言えば、厳しい和歌の道と違う許しがたい甘えでしょうが、詠む過程を読者に見せるは見せる。上記には又、視覚的な掛詞は敬愚の幻想のみかどうか知りたい（又古年に「反故」紙の山を見える？）。一見して歌がだらしがなくて、自分だったら「年明けてあらたまらない去年の反故かみたのみ過ぎ二日よい歌」と詠んだが、偶々と云うより、寝て待てば昨日に望んだ狂歌と共に目覚める事はよくある。

思い出を起こしたが姫始め

姫はじめとは面白い名也けり
其本祝は何で有ろう　春丸　上方 1777
That First Princess is an interesting name none can doubt,
whatever the original celebration might be about!

へっ？小生と同様に勘違いした男は二百四十年前の日本にいた！数十年前に隣の学生の恋人は狐の様なよがり声が変に鼠に化けたら、嫁が君と姫始めを組んだ句を作り、会社の誰かに見せた。アレではなく「初晴れ着」だったか姫飯だったか飛馬始だったかと言われた。面白さは今一つが、思い出を起こしたから目を引いた狂歌だ。

下手の弓と読めない歌

天下皆はるにわなりの下手の弓
いられぬ道を教へ給われ　貞徳 1630 頃
All below Heaven a garden arch of harmony – Artless Bow,
teach us this Spring how not to aim at what we can't know.

張る＝春に輪＝春庭?など日本語で読み解釈するのも難しから英訳も何回やっても異なる。この公案くさい道教歌をどうすれば良いか。「ご笑納ください」に難解だと文句を言う同時代の狂歌とその返歌もあります。

射られない道案内

当らねば外るともなき梓弓
空を目当てに放つもの故　誰でしょうか
Do not aim and you can't miss with an Azusa bow. – Why?
When we release the string there is no target but the sky.

この好人物の作品はわかり易い。貞徳の歌を問いと思えば、これは、明白の答え。詠んだ者は？はい、良寛（1831没）です！

元禄男の元気しるし

とし若きしるし也けり朝霞
よく立ちおゆる我がはるべの子　黒田月洞軒　元禄
（霞が立⇒立ちおゆるも春辺⇒張るべの掛詞は英訳無用が）
Proof of the youth of this Year and yours truly rises at dawn:
my standing part mist-hidden signifies the Spring, tres bon!

蛇足なるが「おゆる」は、勃起する義で後代の「おえる」。未完成の『古狂歌 色を好むさし男』の表紙のカットにもしたい。

蓬莱に泳ぐみたいな児をみたい

今年二歳の小悴有伯父長命を譲らんとて
亀太郎と名つく座敷の往来亀の水に泳ぐの如くなれば

蓬莱に泳ぎ着きたる亀太郎これぞむつきの初朝ぞや
Is that our own little turtle paddling up to Mt. Merhu?
I guess it's dawn for the month named Swaddling, too!

上方狂歌祖の貞柳の息子長生堂永田柳因の 1737 年の首。元気な幼稚の這い方には、穴を出でて間もない海亀に似通うは確かが、泳ぎみたいのが、もっと小さい子か。自分の子はない為か知らぬ。

国大自嘲になる蓬莱か

何やかや塵が積もって蓬莱の山となるという国の風俗
Making a pile of all sorts of crap and calling it Mt Merhu
is customary in our country . . . just something we do.

上方狂歌中期の大御所鈍永の 1776 以前の首。狂歌に自嘲は多いが、国大なる規模は珍しい。『古狂歌 滑稽の蒸すまで』に塵積もれば山と＝大和＝成る祝歌の系譜もある。

掃かなくとも蓬莱の山

元日は掃かぬ座敷の塵ひぢ積もりてなれる蓬莱の山
On New Year's Day when we don't sweep the house, all our crap
builds up and the rubbish heap becomes Mount Merhu like that

義栗の 1795 以前の上方狂歌は、私家的で江戸狂歌の影響を見るが、甚だしい卑下は関西の商人が得意。

初夢は現実に勝る

不尽の山夢に見るこそ果報なれ路銀も要らず草臥もせず
Seeing Mt Fuji in a dream, your good luck is already here:
no tolls or tired legs beats going there to start the Year!

貞柳（1654-1734）の代表作となるが、この題で、一茶句「初夢に猫も不二見る寝様かな 」を上回る歌句例は、あ・り・え・な・い。一方、貞柳の下記の宝船は…。

目覚める良薬になる宝は

宝船なんの夢のよ金銀をもてば寝覚の心易すさよ　貞柳
Treasure Ships, what of these dreams you bring at night! Please,
gold and silver 'twould let us wake up with our hearts at ease!

合点しない人もおられそうが、敬愚の身にむしろ近過ぎる。二日酔せずも志願でない貧乏の寝覚が辛い。貧乏でなかった貞柳が赤字の年か、常に貧乏を欺く商人の心か。

引かれて引く日

On Mouse Day, when humans visit the fields of Spring to play,
I feel we're the ones drawn out (pulled up) by the pine-trees!

子の日すと春の野ごとに尋ねぬれば
松にひかるゝ心地こそすれ
崇徳院 1119～1165 年

多数の和歌集に入る御製歌。宿屋飯盛著『新撰狂歌百人一首』にもある。万葉集の惨めな諧謔歌から平安後期のこの心を温める首まで様々の和歌を狂歌と認めた飯盛の尤もな狂歌観を無視、それを天明天才の特芸としがちな現代の見解は狭すぎる。この和歌は良い狂歌同様に名歌集に見たい。

引かれぬ姫の婆々とは

子の日して今日引き残す姫小松お婆々に成るを見るよしも哉

The princess pines I tugged on Mouse Day but failed to uproot –
if I could but stay around to see them become cute aunties!
（力不足の老人に恨みも少し抱いたら下記の毒舌もいい）
The princess pine I couldn't budge on Mouse day was a bitch,
I wish I could be here to watch her turn into an old witch!

狂訳をする毎に変わる。繁雅が 1815 以前に詠んだ心には第二狂訳の悪意多分なかった。婆は witch でもないし…。本来多様化しがち「創造＝想像」に長けた脳みそに任せたら、こうなっちゃった。

子の日の文字通り仰天

K8-1　小松をばうんと引きさま仰のけに
こけた姿やね伸びなるらん　青__亭舎鳫 1814 年
Pulling, oh so hard – when, suddenly, flat on my back I lie,
a wee root-stretched pine in hand, looking up at the sky.

根＝寝伸びこそ英訳無用が、原歌はあたかも「ね伸び」の再定義のような歌体も面白い。狂訳は珍しく単なる観測ながら、どういう訳か面白い。種本の「ご笑納ください」で on your back you lie となる。誰でもなる you は好むが、一人称は、すっきり。

松の風ひけばことなるが、小松は困るぞ

やみつきて野辺に初寝をせし春は
小松は引かで風や引きけん　雄長老　桃山時代
Caught up in it, I spent my first night in the fields this spring;
not one wee pine did I make mine, but boy did I catch a cold!

貴族の野生禅僧のの悪名高い首。通常、無害の単語すら忌む松内。狂歌は自由自在が、他足軒御判詞は曰く「立春の頃の題に病事を詠せられたる事」が「不可然」で「是を鏡として必凶事を可慎」

…。「狂歌大観」と異なる名古屋大の PDF「天下ゆう長老の百首の御歌」では、「病つきて〜引きけん」の忌むすべき個所は「酒つきて〜引くらん」となる。万が一単なる婉曲ではなく、変種だったら、上戸で酒あったら寝ずに騒ぎ続いたを「酒尽きて」しまえば、その場で草枕をくって、体は冷えて cold=風邪を引いたか。

ロバート・バーンス風の子の日

己が名に立ちぬる日さえ姫小松
人にひかれて屈む野鼠　正式　1671
Even on this Day that bears mine own name, wee Princess Pine,
people love & pull you up while bride-to-be mouse is cowering!

鼠愛好者で、この「堀川百 T28」の左勝の首を慈悲深いしかも、可愛いと思います。農夫の田打ちを怖がる野ネズミ cowerin' timorous beastie（屈みながらびくびくする小獣ちゃん）を哀れむスコットランド詩人の名詩 To a Mouse 同様に、日本の紙幣に描かれてもいいではありませんか。短いから、歌句を紙幣に入れないのが、日本のお手落ちだよ。着物姿で小松引く人とそれを他所ながら見る鼠。やりましょうよ。

子の日のへの字

老若菜摘　つむ人は腰も二へになりにけり
老いせぬ野辺の若菜なれども　寂蓮　1202 没
Picking them, just look and see our backs, all bent in half:
young greens in Age-not Field stop aging? What a laugh!

狂趣が溢れている寂蓮が首の「老いせぬ野辺」は、拾遺集の円融院歌「春日野に多くの年は積みつれど老いせぬ物は若菜なりけり」を踏まえたが、二重の「へ」の字のビジュアルは狂！

若菜の色は同じか

若菜摘心　とし／＼に頭は光源氏にて
春の若菜の色好むなり　櫻川慈悲成　摺物　1805
My head that w/ the years has come to gleam like Genji also came
to love those young herbs of spring: so in the end we are the same.

後期江戸狂歌と歌舞伎の評者などで名人。自白する首は好きが、禿も源氏も枕のみで文字通りの青い「色」を好む読みもある。

怠け者の摘み方

爪の立つ地も無き今の武蔵野は
青物店に若菜つむ也　問中庵松朝　1820
No room now even to tiptoe on our broad Musashi Moor,
I'll pluck my young herbs at the green grocer next door!

若菜つみにや七種叩きに蛇足無用も面白い。「ご笑納ください」に幾つもある（足の間に富士を見たり、叩くと酷い調べに成ったり、春の朝の鴫を西行に見せたい、等）が、ともかく評価をどうすべきか。川柳同様に、にゃっと笑うが、その理（広い武蔵野も人混み）も入る、この江戸狂歌が狂句よりも心を満たす。

お粥になる和と狂も分かな歌

白粥の中にちら／＼みどりなるは
雪間を分けて摘みし七草　前田朝雲 上方 1822
In the white gruel, tantalizing glimpses of something green:
the seven herbs we picked in the snow was this very scene!

藤原仲文（923-992）は「雪の降りたるあした院の御粥おろし給わせて歌詠めと仰られければ」詠んだ「白雪のふれる朝のしら粥ハ

いとよくにたる物にぞ有りける」の「にたる」言葉遊びは上の狂歌より狂趣が濃いが、走帆は 1730 年の狂歌本に俗語不用で仲文の首を「和歌の筋」の誹諧歌の好例とした。どうかな、と疑問です。

お尻を打つべきを

粥杖を打ち損なうて腰折の
歌でわぶるも可笑しかりけり　紫色主 E5-3 1799
Missing her behind w/ that good-luck-in-bearing-boys gruel-stick,
I make amends w/ a bad-back poem and we laugh ourselves sick.

男の子を生む為に当たらば良いが、道を早く進めば外れるのもある。と解釈したが、打つべきでもない人を打ってしまた読みもあるか。浜松に近い弁天島だったか数十年前に粥杖ではなく青葉あった枝で女を打つ男を見た父は「ロビン、早く警察を呼べ！酔った男が…」。文化人類学を広く読んだ敬愚は、その類の式の説明すればヤマハボートの天才エンジニアーだった父も安心できた。

春

佐保姫の針

佐保姫の衣の浦に春たちて霞の袖をぬふ沖の舟　南枝春告
Spring comes to Princess Sao's Robe-lining Bay to cut cloth for
her sleeves of mist loosely stitched by boats tacking offshore.

1799 年の摺物（北斎画「未年の美女揃」？）より。1812 年の江戸狂歌本の立吉の「久方の雲の羽袖を縫うかそも長崎針と見ゆる帆柱 e7-1」は派生歌らしい。帆柱と言えば、ある矛盾もみえてくる。働く針は帆揚げているからはっきりしない、一方…。

大地の春と一体化する女

題しらず　汚さじと思う袂も厭わずに
根ながら入れる野辺の摘草　民女　1814
Unmindful of the bossom of my dress I thought not to soil,
I stuff in the herbs I pluck in the meadow, roots and all.

かの君がため春の雪の中に若菜摘む歌が白き表ならば、これは黒き裏。一茶坊の 1810 年の名句「門々の下駄の泥より春立ちぬ」も心通じるが、民女の上方狂歌はもっと好き。読者諸君は？

スマート携帯も家に残して野遊び

野遊びは夜遊びよりも面白や
眠たくもなく親も叱らず　柳下　1770
Playing in the fields all day beats playing all night, for it is fun
not to be a sleepy bum lashed by our parents' sharp tongues.

後期江戸の題林再載もある 1786 の上方狂歌の睦丸の「弁当の結びをほればなづく犬の手をくれるまで遊ぶ春の野」も米国のピックニックみたい。野良犬に「お手」の芸を教え込むほど長い一日か。それをしない日本人はなぜ握手を犬に？さっぱりだが、英訳した睦丸の歌の伝えは貴重。野遊びこそ、古き良き米語なら wholesome（心身の為に成る）。都市の子に、今も勧める。

和歌と狂歌と鴬の三角関係

柿栗の流れの外に楽しきは
梅のもとなる鴬の歌　曲肱亭百年　後期上方
Where is fun of neither ye Persimmon nor ye Chestnut school?
'Tis found around flow'ring Plums, where Uguisu singers rule!

詠み捨てにしても捨たらぬ鶯の
歌は世間の耳にこそあれ　曲肱百年　同 1815
Sung beautifully with no thought to have them written down,
the songs of the uguisu in the ears of our folk stay around.

約八百年前の歌仙は柿の本の和歌の一団と、栗の本の狂歌の一団と分けられた。前者は当日、歌合で記録すべき勝首の歌人達。後者は詠み捨てる「無心」の狂歌と遊ぶ歌合の負け首の歌人達。これは藤原定家の、歌体としての「狂歌」の初言及の要約が、拙見解では狂歌遊びこそ気の薬になるから、負けた方々にとって、悪くないが、百年の指摘は、世の中は柿の本と栗の本以外にも鶯と、（或いは、か）そう称された白拍子の小唄もある。二首目もいずれか判らないが。狂歌は本来「詠み捨て」と呼ばれたから、これで双方の「鶯」も、狂歌の味方と思えばいい。

鶯は鸚鵡か

同じ音に鳴く鶯の歌もたゞ
鸚鵡返しと申すべきなり　満永 1672 以前
Uguisu sings the same note/s for his song, I say, how dare it!
That should be called naught but the parroting of a parrot.

初期狂歌らしい朗らかで大胆な指摘。情けない悪評ではなく、事実だ。異なった節を曲に繋ぐ、我がフロリダの Mockingbird に比べて、鶯は歌手ではありません。とは言え、

鶯初音の弁護に礼賛

ほそ／＼と鳴く鶯の初音には
朝と生まるも及ばざりけり　行安　1666
The first sounds of our Uguisu are so tender and fleeting;
by comparison, 'Born in the morning… ' is, well, nothing!

鴬の初声ないし試みの初音があんまりにも暫定的で脆い、綱渡りの素人みたい。その音の脆さを感じない人には耳もない。

鴬の歌きく今朝は土くれも
動きてめぐる屠蘇の土器　白波酒店甘喜　1829
The uguisu's song I hear this morning – even clumps of earth
are moved to circulate: our unglazed cups with Toso wine.

後期江戸もやる。かわらけ同様の未完成の段階で造化のエロスを感じる音。俳諧に鴬の初音は逆さまに歌われている様になるという句もあったが、この狂歌は不完全の極美を描く傑作だ。

梅の花と好忠と敬愚の鼻

匂わねど微笑む梅のはなをこそ
我もおかしと折りて眺むれ　好忠 977 年の歌合
I cannot smell, but the plum tree does know how to crack
a blooming smile: I grin and break a branch to bring back.

檜梅の枝を毎年部屋に入れたが、梅の花一輪ごとの長い花毛の影まで詳しくなっても、香をきかなかった。外に満開の梅を嗅ぐも、花屋の乾燥花臭く匂う。解読に自信ないし、花＝鼻の掛詞こそ英訳無用が、上の狂訳を読み直す度、自分の寂しさは癒される。

柳を女と思えば

抱きついて見れど他愛ハなかりけり
庭の柳の細き腰もと　赤良　天明中
I hugged my willow expecting joy, but neither of us felt much;
her waist is too thin for one who wants some more to touch.

天明狂歌の聖と言えども、鼻の下が長かった。垂れる枝数本しかないまだ若い柳には、それなりの美しさはあるが…。

春風に狂ふさまなる青柳（あおやぎ）は
立ち寄る人をたゝきては退く　也理　E9-3
Madly swirling in the Spring Wind, this green willow
seems to whack away whoever dares approach her.

後期江戸の首にも、活発で蛇足無用の秀でた詠みもあるぞ。

青柳ながら詠み方は色々

わが国の仮名にしたるゝ青柳に
来ては梵字をひねる燕　ゆめみの 1806 以前
Young willow branches dangle down like lines of our kana script
while swallow seed-letters weave back-and-forth like Sanscrit.

1813 以前　誰一人とひ来る人の無き宿も
庭掃くように見ゆる青柳　如石一名有栗
Even at this Inn which no one visits, I beg your pardon,
the green willow would seem to be raking the garden!

上下も上方狂歌が、先の文字二種類の首よりも、掃くが宜しい。

ワルツでもしそうな蕨か

春狂言　一おどり踊ろか下から手を出して
やあっと早蕨ソレ／＼そっこに　玉雲斎 1803
Shall we dance? Yes, indeed, for up comes hand after hand
suddenly maiden ferns, here, there – but where’s the band?

貞右が玉雲斎になって愚に返る老狂歌師の幻想におよぶ擬人化は何と言えばよい。人と植物の活き／＼とした交際は楽しくてたまらない。英訳は出鱈目が、「ダンスをしましょうか」の日本か。

拳で顔を打つ日本か

春風に浴びせられてやさわらへの
手打ち／＼をするハ幾たび　未得　吾吟我集 1649
Taking blow after blow from the huffy Spring Wind, enough already!
How many times have young bracken had to resort to fisticuffs?

ハワイイ二系人の enough already と古英語 fisticuffs と fiddlehead fern を大雑把過ぎる bracken 羊歯として狂訳できたが、蕨をわら「べ」となる方言あったか。古今和歌集もじりの書名はいかが？

睡魔も仄めかす蕨も安心

1793　子の日せし野辺によう／＼起き出でて
伸びをする手と見ゆる早蕨　　平則吉　江戸狂歌
On Mouse Day when we head for the fields, how fetching
to see the early bracken bairnes rising up and stretching!

戦いかガッツポーズか手を捻る蕨が多い中を、この身振りは有難い。蕨手の意義は、詠む人の気分次第。眠ければ、欠伸で伸びる手、怒りをのめば、意外に多かった喧嘩の拳などとなる。

上方狂歌の蘭学か

早蕨の独り手を出すカラクリは
地にぜんまいの仕掛け有るしか　倭文の 1815 以前
The frightful way young bracken hands just pop up to be found
– who can doubt a contraption with a spring is underground!

幻想歌の新奇は、いかがですか。蕨の親指もない手が伸ばすと時折に、SF の他界の不思議な生物を思い出すが、カラクリは…。

アニメの俳優なる蕨か

里人に焼かれても又凝りもせず
今年も手をばのべの早蕨　鳥億 1770 以前 K24-1
Though burned by the locals ev'ry year, early ferns don't shrink
& this year, as always, they stretch out their hands in a blink!

これを読むと我々は進化論を考慮しなければならない。代々の焼き方次第に遺伝子も変える。

動画ならば vintage eros だ

棹姫の裳裾吹き返しやわらかな景色をそゝと見する春風
Gently blowing up the long skirts of Princess Sao's gown,
spring zephyrs show us country matters as soft as down.

そそは擬態ないし助動詞ながら上品の女陰です。シェイクスピアーの同意味の婉曲 country matters を借りたが、貞徳は宗鑑の犬筑波の名連歌「さほ姫は春立ちながらシトをして 霞の衣裾は濡れけり」の嫌らしい描写の好対照になるように詠まれたはずです。とは言え、女性の観点は又、別になる。これと前の蕨を合わせたら「人見知り蕨の手々が佐保姫の霞むスカート抑えかねない」は、只今 2017.8.11 の思いつき。下記を見る前に詠んだ

余寒厭風　棹姫の霞の裾のうらゝかを
吹きな返えしそ春の山風　鹿女 1798 年以前 k5-3
Blow it not back up, this warm spring mist they call the hem
of Princess Sao's skirt, Mountain Winds of Spring (ah, men!)!

Amenをもじる狂訳ですね。派生歌というよりも返歌。我々はまず恥ずかしい事かと思われるが、それよりも寒がりもするぞという女の観点。佐保姫を貞徳と同じ当て字の棹姫としたが、痩せた人は寒くなりがち。鹿女も鹿と同じ細い足だったはず。

山笑う事を弄ぶ狂歌

昨日まで睨み合いせし山々も
今朝は吹き出す花の春風　宵眠 1795 以前
Stern mountains that glared at one another until yesterday,
this morning burst-out laughing with the blossom-wind of spring.

葉無き裸の山。通常の冬眠ではなく芽と目の睨み会うにも合点。

あそここゝ山が笑えば春風も
堪えかねてや吹き出すらん　幾地内子 1794
Seeing the mountain faces change, guffawing here and there
spring winds, too, found it hard to bear & burst-out laughing

風に擽られて耐えなくなると山はふき出すと先ず詠んだが、逆に山の微笑む顔を見て、風も吹き出す新奇なる発想だ。前首は上方、これは江戸が、いずれも山笑う珍比喩を伸ばす。そして

春狂言　早蕨の握る拳を痩せ腕と
あさ笑ふ山や春の対面　宝市亭升成　1803
Skinny-arm ferns, clenching their fists like they're ready, all right;
the mountains can't help but grin at our spring face-off – a fight!

又も拳。蕨と踊りましょう玉雲斎の首と同本同題に「これで山が笑ふ」滑稽を極まる説話。上方狂歌は一首一首は弱いが、こうして概念を造化する力がありました。

猫の恋と言えば我が恋と人の恋は？

軒のはに妻乞う猫よ心あらば吾が思う人も呼び出してよ
Hey, Tom yowling on my porch, if you can feel I'm blue,
while you're at it, why not call out that girl I love, too!

渓雲の 1818 以前の上方狂歌のトムは雄猫。Howling と yelling の合の子 yowling は苦しそう。凄まじい鳴き声。「ご笑納ください」の百章頭歌には、この様なアピールする歌が割りに多い。

人の恋季はいつなりと猫問わゞ 面目も無し何と答えん
Asked by Pussy, "What season, then, do men come into heat?"
The cat has got my tongue – we humans must admit defeat!

後期江戸の狂歌集にも再載ある蕪村の親友也有（1657-1743）の温かい名著『鶉の羽衣』にもある也有の主旨は尤も。とは言え、

恋猫　　軒口に妻こう猫の恋風や
ふうふ／＼と吹きあひし声　漁産の題林再載
On my porch, our cats mating sound like anything but doves,
hissing & howling up a storm, they make hurricanes of love!

夫婦と風の音が重なる英訳は無理が、古き英国の詩人の猫の恋の長詩に我が故郷特産の hurricane を無断に借りた。同時代の日本の初期狂歌の如竹も 1671 に詠んだ「風よりもそつと凄きハふう／＼と吹てかゝれるのべの野良猫」を読むと、恋猫と野分の連想もしたが、漁産の首の狂訳の声こそ甘い鳩の恋争いの激しさは、猫よりも凄まじい。因みに恋でない猫も大事にする古狂歌別冊も準備中。猫は、季語に任せる者じゃない。

春雪を守りたい心を守りたい

洋書より、摺物狂歌　壺折を水になさじと童わべの
まろめあけたる春のあわ雪　asahi no sajubô 1830 頃
Hems held up to keep their dresses dry, the girls do not let go
to keep it from melting they roll a ball of fluffy Spring snow!

濁点なければ、明けたる春と丸めて上げる淡雪は両立しないが、八島岳亭画に女の子三人とも壺折という衣の裾が濡れないような工夫をしながら、せっかく降った吉なる春雪の命も保たんと丸めて「上げたる」というように読解したが、考え過ぎるか。

古今狂歌袋　春の雪こかしハ鞠に似たる哉
アリと言ふ間も無くてけぬれば　浅倉森角 1787
Rolled up in Spring, snow-balls can only recall the *mari* we kick;
when in the air, we shout “It’s there!” – but, so quickly, it ain’t.

丸めても儚いようです。摺物狂歌の数十年前になる同じ江戸狂歌が、蹴るマリが地に落ちない内にかけ声の「アリ！アリ！」をここに出てくるも狂歌ならではの想像力の好例。

美しい春雨の滑稽なる比喩

ほろ／＼と降る春雨や花そだつ
ちゝかとも思う母かとぞ思う　ア入 1834

「乳か」と思えば、「母か」と読む。又「父」が対で連想する。その説明せずに、中学生にも読ませてみたい！その反応を知りたい！「ご笑納ください」に狂訳あるが、その工夫は原歌より入混み、説明が半ペイジもかかるからここは、遠慮いたします。

雨が父なら、地は母

父は天さて又母は地をみれば
早生えかゝる草はみどり子　布吉　1814
If papa is Heaven, that makes mama the Earth – then, maybe
all the new plants coming up would be their "green" babies!

江戸狂歌の擬人法の茶化しよりも、この歌は平凡でつまらないと思いながら、緑の色を掛ける「みどり子」は良い。歌のオチだから陳腐も、良い歌になる。これも、やはりちびっ子に読んでみたいが、日本では「みどり子」という語は、何歳から知られている事も判らない。やはり、日本へ帰らねば判らない。

春草のハードボイルド

題林再載　子供らに踏まれて寝しを又雨の
足に蹴られて起きる若草　平沢喜東＝手柄岡持
Trampled down by children, it lay flat on its collective ass
until the rain came to kick back up this young grass.

陳腐の事を詠めない天明狂歌の奇人の一人。中学生という残虐極まる年齢に読ませて、感想を聞きたい。草に同情するか？

春雨も手伝う

破れ網つゞくる海士の手伝いを
春雨やする軒の絲みづ　木端　1760
While fishermen & women stay inside mending their old nets
spring rain threading from the eaves are all the help they get.

春雨の秀歌は少ないが二十数年前に一茶句「春雨や猫におどりを教える子」を読めば、その他の歌句も無用と思った。求めずに見つけないためか、我が知る良い狂歌は少ない。

時場を越える超自然の春日

春の日に磯の波わけこゆるぎの
あまも時をぞわかめ狩りつゝ藤原光広（1579-1638）
On a spring day, in the lee of the reef there is no weather;
divers plucking *wakame* and I lose track of time together.

百数十年後になる蕪村名句「春の海 終日のたり／　＼哉」も思い出す。「ひねもす」にもなんとなく同じ刻を越えた時間を感じます。磯の上にも静かに超ゆる⇒小揺るぎ。磯に親しくない人の為の説明は約千字になる。ご覧になりたければ「ご笑納ください」を。若布＝判らない掛詞は、初期狂歌ならではの類。

潮干は男には大変だよ

潮干歌　　裾まくる貝取り妻に悪ざれも
言わで口をば閉づる蛤　懐古亭英風　1814
My wife, hem held high is treading clams & until she's done
my job is not to crack bad jokes, that is, to bite my tongue.

潮干狩の上方狂歌の傑作。敬愚もやはり鼻の下が長い上に冗談好きで、英語で言えば bite my tongue は難しい。「ご笑納ください」の古訳は脚韻を踏まず、clam-up という「口を閉じる」意味になる蛤の動詞化になるが、水鏡に向かってそうするしかない。

日が長くなると狂歌も疑う

題林再載　春の日の昼後になれば逆さまに
今朝を忘れて酒思い出す　桂雄　1813 以前
By noon on these long Spring days it's topsy-turvy time
& as I've no memory of morning, I'm thinking of wine!

どういう訳か、英訳に time という語も要る。夕べを忘れてしまう程飲めば酒を思い出したくもないとの逆も真也か。しまった！気付くべき事ある。「けさ」は逆に「さけ」だ！

春暮れて永き日さびし山彦も
独りごちだに今日はせよかし　言道　後期江戸
Summer nears, the days grow long and lonely – Echo, say,
You, too, might consider talking to yourself today!

国語学者に歌人の言道の寛容なる言語観を読む甲斐ある。自由で、狂歌になる詠みは少なくない。1829 以前の江戸狂歌の俳道堂厚房の「春の日はいとゞ眠気のさし柳ねつくに早き物にこそあれ」は、「寝＝根つく」が英訳無用で上の言道の言葉は限界。

二月二日灸は不二か

夢のように睦月は立てきさらぎの
二日灸に富士を見る哉　千舩　題林再載
Ye First Month, wrapped in swaddling passed oh so dreamily
and, on my Second Day Moxa of Month Two, I see Mt Fuji!

人の灸治せしを見て　麻の中に交る蓬をすえぬれば
直ぐに病を治すとぞ聞く　望月の秋よし　若葉集 1783
Mixed w/ hemp, mugwort moxibustion brings good cheer
for it can immediately cure your disease, or so I hear!

左は、現実。右の大麻の事は。色々にきく良薬と云われるが、この療法は初耳。

さしもぐささしも長生きせん人は蓬が島に尻すゑてすむ
This moxabustion extends life so men will all be sages
living in peace on Mugwort Isle of Fuji we’re ageless.

桂夕の 1814 の上方狂歌は自信満々。長生きせん⇒仙人も、尻すえる縁語式の掛詞も英訳無用で…日本を蓬ヶ島 Merhu よりも、灸と結ぶ富士にした。二月二日蓬に、お尻の上にもすえる事が本当か。

帰雁や鴨の羽根も無ければ飛ぶ想像力

雁鴨はわれを見捨てて去りにけり
豆腐に羽根のなきぞ嬉しき　良寛　1758-1831
The geese & ducks abandoned me, they all took to flight;
the fact that tofu has no wings now fills me with delight!

汁の実「常世の団子」が飛び去る嘆きは何首もあるが、社僧だったにもかかわらず「厂帰る常世の団子いかならん花ハいづくも同じ春の日」と詠んだ信海は豆腐を見逃したを、百年後の返歌か。とは言え、良寛はわざわざ豆腐に羽がないと詠んだおかげで、初めて羽の有る豆腐は我々の心の空を飛ぶ。

花見ころの放し鉄砲

桃山　花見する供衆のはなす鉄砲に
当らじとてや帰る雁がね　雄長老　T13
Those geese are all just trying to leave before they
get hit by blossom viewers shooting the breeze!

「はなす鉄砲」は第二義「出任せの言動」と云う野鉄砲の祖かと思うが、比喩が危なそうで帰る発想の狂度は高い。或いは日本人も南蛮人に学んだ空鉄砲礼の際にばん／＼と空を打つようになったか。南蛮人が種子島に来た頃、雄長老が子供だった。

帰雁の他愛主義

いつしかと花無き里に急ぐ雁
おのれ帰りて春や知らする　宗良 1371
Whenever it is, our geese rush off for their flowerless loam;
each goose would be the first to bring Spring tidings home.

順が替わり／＼なるのが省エネーの為ながら、競争みたいでその狙いを問う。宗良の雁は花を己が楽しむよりも古里にお知らせする気配り屋になる。出鱈目でもない。孝行はカラスに限らず、餌を見つければ独り占めにせず、先ず友を呼ぶ鳥も多い。1790 に上方の武丸の「咲く花に己が羽風も厭いやと」親切に帰る雁の歌例もあるが、帰雁を恨むような手厳しい歌が多かった。

帰雁の愚痴など

花を見捨て帰れる雁は古里を
忘るゝことのならぬ愚痴者　紫煙 1777
Geese that abandon the blossoms to fly back are rude
grumblers who just cannot forget their homeland.

盛なる花を見捨てゝ置き去るハ
詠みのくだらぬ雁のふみつら　繁雅　1815

They abandon cherry blossoms in full bloom and are leaving:
I'd say the letters of such geese are hardly worth reading!

いずれも上方狂歌。左は、唐の雁が終に大和を愚痴しながら帰ったのみが、右のだから雁の文を読まなくてもいい皮肉は旨い。

帰雁と来る燕くらめに字

帰る雁に違う雲路のつばくらめ
細かにこれや書ける玉づさ　西行 1190 没

On cloudpaths inbound, while geese now leave us, swallows near,
their letters too damn fine to read until they're almost here!

雁の文を読む多くの歌は落雁の秋でしょうが、雁燕の季節もある。西行（1190 没）の「め」という軽く見下す語尾が眼こまかに描ける読み難いほど細かさは困る、というユーモアか。

桜の花に身心を分けて

身を分けて見ぬ梢なく尽くさばや
よろづの山の花の盛りを　西行上人 1118-90
I'd split myself up not to miss seeing a single limb
of one blooming tree on every cherry mountain!

花咲けば蜘蛛の巣のごと四方山の
梢に心かけぬ日ぞなき　繁雅　1815
When the cherries are in bloom not a day but my heart is spun
from tree-top to tree-top on ev'ry hill like one spider web.

西行の桜を愛した程は、自ら身を裂けたいオルフェウスか。この願わくばこそ面白いと思うが。右、上方狂歌師繁雅の詠みも熱心だし細かいが、西行の比喩に比べては、生ぬるい。とは言え、繁雅の心の比喩は西行の数多ある心を詠む歌を思わせる。同上方狂歌本に。先章の「山笑」首々と共に中学生に紹介したい、もう少し軽い詠みもあった。下記は、いかがでしょうか。

唇あらば、花も人も笑う

山々の貰い笑ひか にっこりと
動き初めにし花の唇　先賀　1815
Would they be catching the giggles from our laughing hill-sides,
all these cherry blossom lips that have started to crack smiles?

上方狂歌。二、三十年前の四こま漫画によくあった。昏みえた桜の花びらがソフトの記号に見つけられず事を今恨む敬愚です。

唐までも聞こえし花の芳野に
邪魔をなしそ雲の黒んぼ　黒茶屋長広 1812 江戸狂歌
Yoshino blossoms, the din is heard in China for crying outloud:
would thou deign not to rain on our party, my moorish cloud?

古語の「な～せそ」文法と新奇なる黒ん坊という語を一首に組む狂歌のブラックユーモアの面白さ。いや、四、五百年前の黒北アフリカ人を指した語で差別語を避けた。「ご笑納ください」で、ぎりぎりの black-moor にしたが、上記の moorish は安全。

木上、下の花に踏む者

仙人も天狗も雲と見たがへて
梢を踏むなみ芳野の花　宿屋飯盛　天明
Long-lived sages and long-nosed goblins over Yoshino take care
not to step on the tree-tops, as blossoms not clouds are there!

その前と後に俳句も、天人と仙人と花の雲の組み合わせは珍しくもないが、花に害を与えないような警告はユニーク。

雪のように散るを悦び花を踏んで
惜しまぬやこれ少年の人　友知　1672
They are delighted by petals falling like snow, and thinking it fun
do not regret treading on them – the people we call ‘the young.’

花見はどうせ落花になるが、敬愚は花吹雪も花を踏むも惜しまない。で、まだ若いか。とは言え、

1809-10 頃　人毎に塵こそ厭え世のうさの
捨て所なる花の木のもと　枕流亭喜代記　江戸狂歌
All of us hate litter yet meeting here below the cherry trees
that drop their blossoms, we dump our blues, our miseries!

俳諧にも、1698 年の蕉桐の「立上る埃の中の花見哉」より、捨て場になった嘆きもあるが、命の洗濯場として祝うようになった一茶の句はこれに学んだが、大勢いると 1815 年の句「日々の糞だらけ也花の山」の通りになる。そういう一茶のハードボイルドのルポには、自由自在の狂歌すら顔負けですね。

花見帰りの不満

1829　桜狩帰り待つ児に面無しや
すがる袂は花の歌屑　田隣舎唐錦 E12-2
A cherry bloom hunt: how can I face my kids waiting at home
when I return with nought but scraps of paper with poems!

「パパ、何じゃ、これ！」とがっかりする幼っ子の顔を、いかにも想像します。

根に返る実験

花は根に帰ると云えば木の本を
一鍬ほって匂いてや見ん　桃縁斎 1803 K26-2
Blossoms return to their roots they say so there I go to see
if my hoe can yet dig up scent enough to prove it to me.

花がえりと言えば、花もかえる。普通は冬の二番咲きとなるが、寝に帰るを、文字通りに「やって見ん」調の首には惚れます。
桜＋花見の歌句例を更に見たければ「ご笑納ください」に十倍もある。拙著 *Cherry Blossom Epiphany* は殆ど句が、百倍もある。

桃と三月三日と雛祭

誰もみな今朝は桜をうち捨てて
桃をたづねて過ぐすなりけり　俊頼　1055-1129
On this morning, all men ditch the blooming cherries: it is when
we call upon the peaches and spend the whole day with them.

時折に、俊頼の大胆の指摘は古典和歌よりも我が好む狂歌也。

帯解かず養生深き雛さまは
腰を屈まで幾春もたつ　笠原標山　1814
Their obi kept tied, the vitality of these dolls was never spent –
how many Springs have they stood ramrod straight not bent?

ぜんまいの雛とは知れど心まで
動かして見る女人形　読兼　1813
Though I know she's a doll who runs on the force of springs,
I can't help trying to move her heart and mind and things.

三月三日の人形の姿。左の腎虚、即ち精液の使い過ぎで重病になる発想が昔、世界の大半にあったようです。右は、三月三日でない人形かもしれない。からくりとは雛祭りと無関係であろうが、脱線も狂歌には、珍しくない。上方狂歌本に入るが、読兼は「東」の人。現在の AI ロボットとの接し方の予言歌とか。

そうでもなしの花なり

真っ白に咲け乱れしを雪かとぞ
見ればそうでもなしの花なり　笑馴 1790 上方狂歌
Blossoms so white and wildly profuse pass for snow, so fair
yet, on closer perusal, we see them as a flowering pear.

梨が「無し」との無理もない渋い掛詞で見逃されがちなる花に注目。夢窓国師（疎石～1275-1351）の「桜散りて花なしとこそ思いしに猶この枝に春はありのミ」は、上なる。英訳無用の「ありの実」というあだ名の最古の例か。その歌と純粋哲学っぽい栗窓（1756-）の「世の中は有無の二つをなしの木のいかに悟りてありのみの花」は、江戸後期の「題林」に再載あるが、梨は柿と一緒に「古狂歌 気の薬」シリーズの贈答歌の別冊に何十首もある大系譜。掛詞は案じやすいから、両果実は狂歌師と門人の贈り物の大御所になった。

藤の花と上様の譲り

お許しと色に言わせて見る人の
頭を撫でる藤の花かも　渓雲　1814
The color does it: people viewing say "By thy leave, my Grace,"
as Wisteria bloom pats your head and softly strokes your face.

しな垂るゝ花に頭を撫でられて
藤の下にて咽鳴らす猫　右左丸 1812
Stroked on its head by a dangling bloom of wisteria,
a cat leans upward in the throes of purring hysteria.

双方は上方狂歌が、高貴な人々にだけ許された禁色の紫に近づくがための「お許し」に、下身分の者の頭を撫でる、高僧か王様に相応しい仕草。右は。敬愚は猫好きで「ご笑納ください」に英訳四通りもあるが、上へ凭れてと云う上は、上記の訳の狂度が最高。

花を見て腰が抜くると思ひしに
足さえ惑う藤の蔓かな　且保 1679
Oh, yes, at the sight of flowers, slipping we fall and are beat,
but the quickly growing vines of wisteria do trip up our feet!

洗練された歌体。しかも俳諧を凌ぐ観測。あの蔓、凄い速さで草を横這い、北フロリダで足が引っかかって転んだ事もある。

蛙は睡眠か戦

1806　土のうちの長寝も覚めて啼き立つる
蛙よ人を睡むたがらせつ　なかえ（女性？）上方
Waking from a long sleep underground, you start to croak:
Hey frogs, do you want to put us people to sleep today!

雅筵酔狂集　ものゝふのこゝろ慰む歌よみの
蛙はいかで軍するらん　水軒白玉翁 1653-1733
The frogs of old who pacified the heart of warriors – what
makes them sally forth today to make war and kick butt!

左は、初蛙の様で、もう少し早くご紹介すべきだったが、夏も眠たい敬愚は春を送る首の近くに置きたかったから、お許し下さい。睡魔よりも眠気のバトンタッチは、蛙合唱の調べのおかげであろう。右は、むろんすでに述べた古今序まで省みる類。ここの蛙は孤独。そういう「いくさ」を数十年も見ていないのが寂しい。

蛙と行く春

心には 誰も思えどかわづほど
春の別れをなく者は無し　蜀山人
In our hearts we know it is no joke
that none so mourn the passing of Spring
as they, who crying, always croak!

鳴き声はcroakだと蛙になるから三行の変形の狂訳にその名は出なくともいい。天明狂歌の四方赤良の中年よりの狂号です。

行く春の夢に鉄砲の弾

1187　何方に匂ひますらむ藤の花
春と夏との岸を隔てて 康資王母　千載集
As we row gently down this stream with a spring & summer coast,
from which side does the wisteria bloom appeal to us the most?

松が枝に這いかゝりたる藤の花
春と夏とを跨ぎてぞ咲く　多田人成 1787
A wisteria creeps up to the pine's crotch as if to say,
"I bloom while straddling spring & summer, today!"

左、狂歌も争わない比喩と思えば、同感です。狂歌には、藤の花が佐保姫の後ろ髪や、鶯と時鳥を分ける栞になったり、つまり和歌とそう変わらないが、右のように跨ぐと言えば、松のふぐりも共に詠まれた藤の系譜を擽るとやはり狂歌。下記も然り。

討つ如くげに春三月たつが弓
矢よりハはやし鉄砲の玉　月洞軒　元禄
Faster than the arrow shot by that last moon-bow drawn
our Spring shoots off as fast as a bullet from a gun.

夏

衣替えは夏痩の始めか

賎衣替　　めおと中に只二つ持つ衣をば
換えあいて今日の初や合わせん　雄長老　桃山
With two pairs of dress between them, a man & wife use reason,
exchanging their robes today, they, too, change with the season.

江戸時代の数多狂歌本に再掲載された名歌。体臭交換はロマンチックと思えば、貧乏には良案だ。唯一の案ではないが、

侘びぬれと今裸にもなられねば
身を裏表かえて着るもの　心笑 1672　T30
Living low on the hog this change of clothing is a bummer:
buck-naked must I turn my body inside-out for summer?
（米国東海岸山地方に住む貧乏白人風の慣用語二つ）

腹切りだったら、新案でしょうね。ここにないが「ご笑納ください」にある、わたを抜く衣替えの歌を思えば。

冬の物を夏にもなれば質に又
おくこそ今日の衣替えなれ　正式　1671　T28
Sometimes winter & summer things can serve for one another
by hocking my former rags today I change into the latter!

藪医竹才の狂歌同様、一本立ちとして筋が単純すぎる上記三首とも『古狂歌 貧乏神とブルース』に入る類。その反対の類は、

産みおろすおみなに似たる嬉しさは
身軽になりし衣替え哉　馬場霜解の 1792 江戸狂歌
This joy we feel like that of a woman who has just given birth:
changing clothes for summer, our life becomes light on earth!

安々と身軽の夏に成りにけり
空も産着のあさぎ色にて　古ゝ路長丸 1793 同
Summer has come, so smooth of body, easy and light;
even our sky, the color of clothes for babies, is bright!

蛇足無用の双方とも陽気で可愛い詠みの狂訳の世話もしたい。

時鳥は狂歌そのものか

春夏のき違ひなれや昨日まで
笑ひし山になく郭公　三陀羅法師 E4-3
Spring and Summer, are you raving mad? Only yesterday
softly smiling, thy hills now boast cuckoos loudly crying!

英語で crying でなければならないが、ホトトギスの声は cry というより call しがちで原歌ほど完璧ではありません。こうして概念（山笑）と言葉（なく）をへ理屈で囃すのが狂歌の特技だ。

一声を聞いて喜ぶものハ唯
うゐの赤子に山ほとゝぎす　信安 1679　T37
The only single voices that make all who hear rejoice?
A new-born baby's cry and a mountain cuckoo's call.

同本の伯水詠んだ「聞きぬるは茶碗の息のそれならで誰もすきやの山時鳥」も面白いそうが、まだ未解読。喜ばない者もいた。

かしましや此里過ぎよホトトギス
京のうつけいかに待つらん　宗鑑
What a ruckus! Quick, Cuckoo, pass through this town
for the dunces in our Capital eagerly await you!

宗鑑は知らず此里過ぎたらば
やよ時鳥おらは聞かぬぞ　砂長 1815　k17-1
Soukan knew not this town which if you pass through
will mean, my dear Cuckoo, that we won't hear you!

狂歌をもじり中心の二次文学と見下した著名の国文学者もおられるが、砂長のような生意気の返歌を二次的と思えない。相聞の二番目の人は「二次的」ですか？歌は別々も同じだ。

浮かれ女と同じ夜中のほとゝぎす
鳴いてかけては我を寝かせじ　花本住 1792 江戸狂歌
Like a woman who comes time & time again also late at night
when you keep crying like that, cuckoo, I cannot sleep right!

鼻の下が長ければ耳こそよく効くから、善がり声に発情してしまう。はっきり言って、ポルノを見ると同じ即時の効果だ。

時鳥うたよみ鳥の巣より出て
友を呼ぶかに起こす一声　重井竹光 1802 江戸狂歌
Cuckoo leaves the nest of the sutra-singing bird of song
and makes that single call for a friend if I'm not wrong.

鶯は歌よむ鳥。親も兄弟もなくて、時鳥は友呼ぶ鳥か。説話ならぬ説歌も、狂歌の特技。俳句は起承転結に短いし、古典和歌は新奇の発想が苦手。原歌を中学生に紹介して、何のために鳴くかと、生態学的な話へ移ればいい。やはり、狂科書を作りましょうか。

薬ぞと猫も待つ夜の一声ハ
またたびかけの初郭公　稲丸 1812 E7-1
"It's medicine!" I say for tonight pussy, too, awaits the call
that will hit us both like catnip – the year's first cuckoo!

時鳥は雨止む直前に鳴きがちで頭痛に効く薬と思われたかともかく、鳥の声を期待する老猫なら、聞く瞬間に目の瞳は変わり耳が立つのみならず、髭もぼっきと外へ向く。

木鋏をほとゝぎすまし夏木立

刈透しても聞かんとぞ思ふ　星屋光次　1785
W/ giant sheers I'd trim the summer bosque where cuckoo hide
the better to hear them through no leaves while resting inside.

時鳥なきつる影は見へねども
聞いた証拠は有明の月　赤良　天明中
We could not see that Cuckoo as he sung out, but I have proof
we heard that none can doubt, the chop of dawn's full moon.

左は天明狂歌の名歌だが、わらべの絵本に相応しそう。右も、しばしば出会う首。月は判子となる歌句は珍しくないが、それは山水絵か雁の文に押されたイメージ。これは、雪に手形を見て菜を受け取った証明とした千代女の句のように、活動的な機能もするから、捨て物ではない。しかし、下記の無名人の首にこそ脱帽だ。

声のみに姿は見えぬ時鳥
月の鏡の裏に棲むらし　本成　1815　江戸狂歌
Just the voice, as we cannot see the form of the Cuckoo
who seems to live on the backside of the mirror moon!

下記の宿屋飯盛が著した選集に見つけた英訳が無理になる歌、三首の中で、どれ？

新撰百　ほとゝぎす眼鏡の玉の一声は
老が身もよく耳にかけたり　歯朶庵元家 1809

確かに、暇になる老人はホトトギスに狂ったようです。同時に耳が遠くなる者は老人。その耳でと思えば、障害者のオリンピックみたい。批判ではありません。甲斐ある競争ですね。

延文百首　なべて世に待たれ待たれて時鳥
たが為となき今の一声　通相　1357 年以前

With everyone supposed to wait and wait for you, "Cuckoo!"
who the hell is your so-called single call really addressed to?

狂たる和歌！現在の大勢が名人のツイトを待つアホらしさ見たい。

夏の夜は時鳥にぞ喰らわるゝ
蚊帳へも入らず待つとせし間に　幽斎公
A summer night is long enough for one to be eaten alive
by the cuckoo while you wait outside the mosquito net

短夜も待つには長き時鳥
そちの勝手に時計かけたか 炭折　題林
Even short nights grow long waiting for this bird to chime:
is Cuckoo, then, a demon messing with the clock of time?

左は、貞徳が「たゞおかしき節に詠みて、すこし賤しきかたに詠むを、却ってよきなり」と、狂歌の鑑とした「夏郭公」のあたかも文法は好きが、右の待つ間を、時鳥がその擬声の問いに応えたようにみずから狂わせた発想は、更に新奇です。傑作だ。

鰹は江戸になるが

いずれ負けいずれ勝つをとほとゝぎす
共に初ねの高こう聞こゆる　橘洲　天明
Bonito bidding goes so high it drives me cuckoo, that I know –
but cuckoo are themselves so loud, they're driving me bonito!

「ご笑納ください」に三通りの英訳と蛇足もある。外国人の日本文学の名人何人も英訳した名歌だ。暇だったら、或いは、翻訳のゼミを教えたら、それと敬愚の英訳と比べて見なさい。

短夜の可笑しさ

いつもとく起きる親爺の朝寝にて
夜の短さを初めてぞ知る　山田呉郷 1818 k8-2
Seeing how my old dad who always wakes up early sleeps in,
for the first time the brevity of summer nights dawns on me.

上記の歌は馬鹿正直そのもの。とは言え、最近、真夏も暁前に起きてしまう。それが老よりも貧乏の為であろう。

本歌　　夏の夜はまだ宵ながら明けぬるを
雲のいづこに月やどるらん　清原深養父　百人一首
Dawn comes on summer nights before the ev'ningtide is done:
will Luna find lodging in a cloud, or stay out in the sun?

夏の夜はまだよひながら覚めにけり
腹の何処に酒宿るらん　暁月　狂歌酒百首　中世
Summer nights – I'm still drunk when I wake to a new day,
so where in my guts does that *sake* find a place to stay?

評価すれば、このもじりは、本歌より旨いか、それともつまらないか。月の宿の心配は上でしょうが、宵のめば酔いのままに目覚めて「酒宿る」という変な発想で締めくくるも面白くても、下にはなるでしょうか。

持ち遊ぶ達磨人形が短夜は
こけると直ぐに起るせわしきと菊亭本丸 1810 上方
Daruma Dolls that tipping over spring right back up might
just signify summer nights too short to let us sleep tight.

良い比喩！ところで、竹田の宿の「水銀の人形の様に落ちかへりなく」のもあるが、狂歌の比喩集でも本になりそう。

獏はさぞ飢えもやすらん人も夢を
腹に入るほど見せぬ短夜　一等　1823 上方
Baku, who kindly eat our bad dreams, find summer a nightmare,
with nights so short we lack time to sleep, said food is not there!

早苗と早乙女の太腿

太腿の白きに昔を思ふかな
早苗取女の尻からげして　月洞軒　元禄
In the whiteness of their thighs, I see the world long ago.
Hems into belts up-tucked, women planting rice bend low.

一人狼の大狂歌師の上記の首は、決して早苗取女を詠む最初の試しではないが、時代を超える傑作で、先にご紹介します。

T13 早乙女にもまれて暫しおへつかぬ
今日の早苗ぞ萎えて見えぬる雄長老　1603 没
After rubbing up against our rice-planting maids, for quite a while,
the plants stand not erect but sad limp things that bring a smile.

男性の泣き所も微笑ましい比喩を通して自嘲する勇気で朗らな時代を伺える。そして月洞軒の太腿の白き首の十か二十年前に、

地頭殿のお手さくの田を先ず植へて
参らせ尻に並ぶ早乙女　正式　1671

Starting with the private field of the headman, I'll be blunt –
it heads our way planting, arse-first, that rice-maiden front!

尻が先になる点が俳諧にどれだけあったか判らないが、一茶の句に何回も出る。下記は、ただ Wow!としか言えないど現実。

畦に泣く子は打ちすてゝ蛭に血を
吸われながらも植える早乙女　笠丸　1812
Baby left crying on the bank, she pushes rice-plugs into mud,
breasts full of milk ache but the leeches suck only her blood.

五月雨は人を魚にする

家も皆水にひたらば五月雨の
あめの魚にや人も成りなん　正式著　堀川百　1671
Summer monsoon, when house and all are soaked to the gills
we humans become rain-fish surviving on our pluvial skills.

過ぎたるは及ばざるとや沢山な
水こと欠く五月雨の頃　松丸　題林再載
Too much means too little, they say – indeed, so many things
we do with water we miss, due to floods the monsoon brings.

上は本当の魚名。五音字らしい「水事」をまだ辞典に見つけていないが、英訳では水に関わる事にした。

貧家五月雨　干し物のひるまだに無く曇りては
月夜に劣る五月雨の空　千年友住　江戸 1799 以前
With no sun to dry laundry by day this monsoon in June
is worse for poor households than any overcast moon!

昼も星＝干しもないが、干る⇒昼間が主なる掛詞。月が見えないよりも日光が一大事。金持の洗濯できないと貧家は食えない。

梅雨　この頃は恥さらしなる天気かな
ふりまらすると人に言われて　卜養 1669 以前
At this time of year the weather puts some of us to shame
when our privates loiter outside and people complain!

「天気」で金玉もテルテル法師か。卜養は医者で通気が悪ければ蒸し暑い男の股部に黴類たる陰菌、即ち水虫が襲いがちと知った。褌を少し外しておく上に扇子で空気を送り込むのが常識だったが、隙間より倅は見られちゃう。敬愚も、そのはの字の体験済ミ。

鳴神の太鼓の皮のしめりてや
今日も音せぬ五月雨の空　桂影 1819 以前上方
Even the skins on the heads of the Thunder-gods' drums
are so damp today, the monsoon sky made not a sound.

蒸し暑いと天神まで苦しむか。落雷前の空気も活気になり、心の清涼剤のごとくの刺激を与えてくれる雷の音も無ければ…。

角をふり己が家居を引きありくは
牛より強い蝸牛なり　天地根 1814 頃 K8-1
Waving horns, he moves along, pulling along his home;
Snail is stronger than an ox, though tiny as this poem.

牛の子に踏まるな庭の蝸牛
角の有るとて身をな頼みそ　寂蓮法師　1202 没
Please take care, garden snail, not to be tread by a cow;
Trust not in your horns to protect you somehow!

けれども雨さえ降れば、暑苦しくも蝸牛は元気で力も増す。子規の狂句「蝸牛の喧嘩見に出ん五月雨」は、この頃になるが、勇み過ぎるが危ない。娘一人いた法師は童歌風の警告も詠んだ。

五月五日の菖蒲と印地（礫）

1666　T27　風の手の礫のやうに打ち散らす
雨こそ今日の虚印地なれ　左衛門督藤原義景 1533-73
This rain thrown by wind hits hard as stones so we might
just today, call the same our 'faux village-rock-fight!'

五月五日。今のいう鯉幟がなき、武士の心を磨く男の子の日だから、暴力を祭る村と村の印地（投石合戦）が行われた。疑問あるが、原始民は大人も参加し、小戦争遊びのお陰で大戦争せずに済んだと文化人類学者は主張する。犬と猫が降る英米の大雨と槍が降る日本。今日、その雨が印地を欺く発想に脱帽（笑）

筍・竹の悪子

もとよりも竹の皮にぞ包むから
笋は好い土産物なり万英 1784 以前　上方
The fact they are already wrapped up in their own sheaves
is what makes these young bamboo shoots the perfect gift.

歌としては今一つも、八百屋で筍宣伝にお誂え向きになる旬の首。

1793　大空へ指をさしつゝ笋の
生まれ合する釈迦の誕生　浅草市人
Pointing a finger straight toward the sky from the earth
a bamboo shoot comes up on time for Shaka’s birthday

目の前に動かぬばかりの成長ぶり。空を狙う竹の子と指で空を指し「唯我独尊」と自慢しながら生まれた釈迦。同じ四月八日。その行儀悪い行為に白目をむく狂歌は何首も、釈教部にお待ち。

蛍の光に尻の魅力か

螢をば集めて学ぶ古の人を聖と云ふは尤　走帆 1730
As sages once gathered fireflies to study through the night,
calling ancients *hijiri* (which sounds like “fire-rump”) is right.

日本国語大辞典にもある多様なる珍たる語源学の諸々の仮説を読むのも趣味。四方赤良も「勧学の窓に蛍はあつむれど尻からもゆる火をいかにせん」を「ひじりになる」とも答えるが、この話に目がない人は「ご笑納ください」を薦める。

1533 成立玉吟抄　人の行く前は提灯明松や
蛍は尻をなど照らすらん　山蒼斎＝称名院三条西殿
Torches, lamps, in front we hold, to walk without fear:
so what's with fireflies, I mean: why light up the rear?

いい問いだ。見るではなく、見られる為であろうが、更に、

1533　逆さまに恋もなる世の蛍かな
胸には燃えて尻ぞ焦がるゝ　釈三ト＝栖雲寺潤甫和尚
Oh, those fireflies! Can even love's passion so backwards turn
that flaring up in the breast, it should make their asses burn?

はい。恋こそ最大の蛍比喩の系譜になる。このシリーズ中の「古狂歌 物に寄する恋」には数十歌例もある。

夏の夜をあてども無しに飛ぶ蛍
すわって居れば尻が焼けるか　路芳 1789 没
Do lightning bugs on summer nights fly about without aim
because sitting on one's butt burns and that means pain?

なるほど。上方狂歌の尻作。蛍の飛び方は確かにその通りだ。微風にも左右し、草に止まったり又飛びたちながら浮かれ行く。とは言え、当て所なくともない武家の面もある。

己が尻うまれながらの火脅しの
鎧を着てや蛍合戦　月洞軒　元禄中
To be born with your buttocks already wearing this armor
with a built-in flame-thrower – of course, The Firefly War!

蛍合戦だ。それを詠む、我が知る唯一の可笑しい歌例は、上記だ。それで蛍の生態はまだ描かれ尽くされていない。川の水面の上が霞めば、それを蛍火の煙と詠む美しい和歌もある。

尻に火の付いたばかりに騒ぎけり
京童が蛍見つけて　石季　題林再載　後期江戸？
The way the kids in Kyoto run about after finding the first firefly
you might think they were the ones with their butts on fire!

恋の比喩と学者用と限らなかった子らとの関係。上方狂歌の門祖の貞柳の名歌「蛍こひ乳を呑まさふ姥玉の闇にありくも子供すかしに」もいい（吉岡生夫は、結句「すかし」は機嫌をとる意の「賺す」の名詞法だという）。蛍を招く童歌と蛍をも子となるか。拙著 *Mad In Translation* に英訳あるかも知れない。ここは、お代わりに一茶の狂句で大人と蛍の正しい接し方を学びましょう。前詞は「養老の名酒を飲めし用を外で済めば」で

小便の滝を見せうぞ来よ蛍

Come, fireflies!
And I'll show you this
waterfall of piss!

蚊ほどの狂歌もありました

煙たさに泪こぼしてふすべ出し
跡でかなしと言うぞ可笑しき　天地根　1821
Tears from smoking smudge are the funny reason why
the absence of mosquitos is said to make me cry!

上方の後期江戸の繊細な詠み。蚊遣りの煙は明白なる英訳が原歌の「悲しい」に蚊ほどの渋い掛詞こそ良い。スタイル上の対極は、

元禄中　思ひ出る折たけぬかの夕煙
むせぶも嬉し蚊めがおらねば　月洞軒　元禄
As memories come at dusk we burn punk and make smoke;
If that means no mosquitoes . . . then, I say, let us choke!

前句の思ひも繊細か恋の「思ひ＝火」の無心の枕かよく判らないが、蚊に刺されるよりも咽ぶが良いという後句は、ずばり。

蚊帳の有無も劇場なり

酒百　さりとてハ今日また質にやれ蚊帳
酒にぞ我は喰らわれにける　暁月　中世
So it goes, today, again I must pawn my mosquito net
and be eaten alive by my sake before I pay my debt.

自嘲ながら酒を呑む最後の段階、酒に呑まれるという諺を弄ぶ後世の狂歌に「世話」という部か題も思わせる。暁月は中世人が、「酒百」の古版は中々見当たらず、疑問もあるようです。

人を網へ入た様なる蚊屋の内は
赤貝も有り蛸章も有けり　貞柳 1734 没
Mosquito nets make all flesh fish – or food, if you wish –
some hold red ark-shells, others octopus (the best dish).

上方狂歌の祖の画象顔は菩薩か、優しい蝦夷人か唐の仙人の顔。師の信海と同輩の月洞軒の色狂いは見えないが、この蚊帳の中だけは、浮世絵みたい。暗喩ながら、江戸の色言葉を少しでも解る読者の顔も赤くなるほどぷん／＼と匂う蒸し暑い夏の夜の女体を、しかも濡れている網の中に捉えている。川柳の末摘花の雰囲気さえ浮かぶ。そして蚊といえば男色ぎみの首もあった。

蚊の血だれけに時鳥

ぴっしゃりと蚊こそ哀におもほゆれ
誰ふと腿を食し血なるぞ　貞柳　同？
Splat! That's that, but lo, the poor mosquito – it's sad to know
just whose fat inner thigh he, stabbing, drank just to die.

男色念者の誓いには、そういうこともあるが、眠くならないように内腿を錐でさす中国の学者もあった。貞柳は、後者を知って前者も取り入れたか。これ以外に、彼は男色を詠まなかった。

この頃の時鳥とは裏腹に
血を吸うて蚊の飛び啼きは憂し　天地根　上方後期
About this time, it gets depressing to hear the cuckoo's reverse
also crying on the fly, come to suck rather than spit up blood.

歌体は平凡が、血を吐くまで鳴く伝説で逆になる血を吸う蚊の対照と鳥類の中でも珍し飛び鳴きに蚊の羽鳴の類似を近代人簡単に解る言葉に移した功あり。狂歌には限界ないから、「ご笑納ください」には「はしり痔の血に鳴く鳥の声」の少々やばい方へと続くが、ここは以上です。

夏草恐怖症

むしゃくしゃと茂れる庭の夏草の草の庵もよしや借宅
Rampant and rank, what a mess fills my garden this summer
this grass hut is just too much: I am off to rent a house!

元禄の月洞軒の心は家毎の衣替えか。春が終わる前にも、草が茂るを苦しむ系譜ある。万葉の第一巻に女王が曰く、秋の方がいい「我は」と、そう定めた理由は、又下記の狂歌の通りだ。

百草のおい茂りでハあつ苦し
雪の下には花の咲けとも　光風 1818
Dense weed cover is not just warm but hot & heavy: doom,
unlike the snow, below which flowers even come to bloom.

夏草恐怖症の理をここまで理屈で追う事は、珍しい。希望を孕む厚苦しい雪と救いもない丸損なる暑苦しい夏の草の違い。

牡丹の深見とは美の力

桜のみ花と思ひし目うつしに
類もなつの色ふかみ草　四方赤良　天明中
You who think just the cherry bloom worthy of the name flower
feast your eyes on beauty unmatched: summer is peony power!

類も無つ⇒夏と色ふかみ⇒深見草の英訳無用が、脚韻一本の flower/power で原歌に争う。愛称は嘘ではない。桜は木毎に凄いが、熱帯の森にある花を除けば一輪ごとで見れば牡丹は花の王だ。色深みと言えば、一輪でもじっくりと吟味できる。

原の宿植松亭にて　富士のねの雪をつまみて仙人の
爰におく庭の白牡丹かも　真顔　1815 以前　E10-1
A handful of snow carried down from the peak of Mt Fuji
to our garden by a mountain sage – this white peony!

赤牡丹には、閻魔の口の中や蟻の王国の出入りを見た蕪村の牡丹も一度読めば一生忘れない。

鰒は毒これは見るさえ目のくすり
牡丹の花に蝶ハとまれど　清滝糸女 1820 以前 E11-2
Blowfish are poison, but just look at this “medicine for the eye”
they call a Peony – is that not on its blossom . . . a butterfly?

鰒の毒が最も強い内臓は蝶型だ。フグは身を暖める薬に見なした江戸時代は「魚＋夏」の漢字が一般だった（今は河豚しか PC にない）。糸女はやる！容貌の美は毒にもなるという事を間接的にも詠む勇気のある女性は珍しい。家集あったら読みたい！とは言え、一茶の牡丹句に比べて弱い。彼は牡丹を大切にしたら福は身につけんと思ったが、叶わなかった。句には天地を動かす力はないと証明したか。だから、彼の牡丹句を読むと悲しくなる。脱線御免。

撫子を撫でたがるか

撫子の花の口びる動くこそ
風の手あてゝあはゝなりけれ　且保 1672
The maiden flower's name, it asks to be caressed and so we think
as petal lips move that the touch of ye wind has tickled her pink!

万葉集では撫子が笑みする二首には擬人度が低くて、口も唇もないが、そういう古き良き撫子の狂歌はが詠んだ下記の首が植木屋さんか花屋さんに読ませても顔は赤らまずに済む好例。

露と塵うち払ひ筒いけて見ん
世にしおらしき床夏の花　白玉 1731
I'd keep mine from both the dew and dust with a bamboo pot –
yes, I mean my sweet fringed pink – all summer long she's hot.

「塵をだにすえじとぞ思ふ」花を頼まれた隣を断った古今歌＃167を掠る常夏ながら、床の間の花に副う掛け物にも合格だろうが、筒「つつ」一本の掛詞だけで狂趣は今一つが万葉の庭道具（万葉一番歌にある）を生け花の器に使うのが風流でしょう。

わがまゝに育てし上は花一つ
抓めるも厭う庭の撫子　月六斎市吉 1809

Growing up spoiled as spoiled can be, our Fringed Pinks
may be “rub-lings” but they cannot bear being plucked!

花の観点か、真の観測か。摘めたら他の花と比べて生け花に良いか悪いかという知識なければ判らない。月六斎市吉の首を読めば、大人の恋が幼稚化されてしまったという気もするが、ご感想は？花弁の細かい端と色は確かに可愛いが、あんなに可愛がられてきた理由は、もっぱら万葉の家持とその恋人の為。所謂「花言葉」の歴史の中で光る話だ。「ご笑納ください」で詳しい。

納涼は美しい語

角力にハあらぬ裸の門涼み
我も暑さに負けじとぞ思う　三陀羅法師 1792
Naked, but no sumo wrestler, I cool off by the front gate,
thinking I, too, will not be beat, at least, not by the heat!

法師も苔衣を脱ぐか。かの「～にも～にも～にも」の宮沢賢治は、よく頑張ったが、くどい。これは良い江戸狂歌。

燃ゆれども煙も立たぬ夏の日の
暑さ濡るさを忍びてぞ古る　好忠　c990
We burn, the summer Sun & I, when even smoke lays low,
heroic effort ages us, for heat with humidity is no joke!

裸も、ただ唸るしかない蒸し暑さもある。気圧ものそごき、煙も人の気分も地に落ちる。上の和歌は名奇人の鋭い苦熱歌です。

詠む歌を聞く人毎にひやされて
冷や汗かけば 爰ぞ納涼　月洞軒　元禄中
Whenever I read, they laugh at my poems; and hating defeat,
I’m soaked by cold sweat but then and there, I beat the heat!

直重方という人は「納涼」の題が「はき難き」どうすればいいかと訊いたら、歌はその答えになるという前詞ある。歌詠を詠む狂歌は多いが、こんなにハウツーになる事は珍しい。

むかし蛇のすみたる池と聞きしかと
今は涼みに人の取り巻く　とも綱　1806
I have heard that long ago a big snake lived in this pool
people now dare visit to be enveloped by the cool.

いいでしょう。冷汗か鳥肌か分からなくなる納涼ですね。むの字は蛇っぽいし、動詞の縁語で締めた意外性も宜しい。

是は／＼お互い／＼丸はだか
見るに遠慮もなつの夜の月　夫丸　1812
Well, well! To summer eyes, how cool we are both naked
so, Luna we need not be shy, let nature tonight be x-rated!
残念ながら原文の高い品格に比べては上下も低俗なるが
Well, well! Seeing both of us are naked, to summer eyes:
Luna, you and I tonight might as well self-advertise!

松嶋の月の名句の「是は」よりも互いの裸は効く秀歌。春のかさも雲もない夜空にいる月にアピールと（笑）。名人が詠んだ首だったら著名になった。「夏⇒無つ」は英訳無用が、要略の summarize= summer-eyes 夏の眼で、狂訳できた。

百病の長とは言うな此風に
死ぬほど暑き身は助かりき　いせあは輔 1792
Say not that it’s the boss or chief cause of all of our disease,
for the Wind has just come to save us from dying of heat!

差別を退けて、感謝をする歌は何よりも。同じ病気を cold という英語で風邪の概念もないが、それを知らずとも、新風になる狂歌の主旨がきれいに英訳できた。年順が逆さまになったが、

汗尽し背中を干しに河端へ
出て涼みとるすっぽんと町　紫笛 1754
Sweat rinsed-off, climbing up to dry off on the river bank
where all can enjoy the cool in terrapin=pontocho town.

京都ですね。素っ裸でスポン等いた池に泳いだりした頃、名経済学者の祖父は、たまたまサイン入り *Geishas of Pontocho* の本を持ち帰りましたが。更に年順を遡れば、下記は 1649 以前になる。

昼中の汗の玉子のかえりてや鳥肌となる夕すゞみ船　未得
Drops of sweat like eggs after noon, incubate and hatching soon
become goose-bumps on a river boat catching the evening cool.

ひいやりとする水茶屋の夕涼み
床机の脚も川にひたして　其亭其酔 1810
Even the legs of tables where we cool down in the dusktide
at this chilling cold-tea shop pickle in the stream outside.

左の筋は可笑しいが、只今わが鳥肌なる納涼は凄まじい真夏の電気嵐！右の床机とは、小屋の縁が切り離されて脚を四つ以上に付けた和風のベンチ。お客も草履か下駄を玄関に置いて、裸の足を川に漬けながら昼食をしたようです。上方狂歌が、場所は？

打つ水を往き来が乞うて何盃も
飲む間に門も乾く日盛り　斧丸　1783
In the heat of the day, while passerbyes gulp down water
we splash on dust below, the gate’s throat grows dry.

又、上方。門も出入も「ロ」にならない英語ながら「門の喉」の狂訳でなんとなくできた。下記も上方。

汗かいて骨折る夏の扇屋を
人の暑さの身替りとみる　遙擲（に近い漢字）1760
Every summer, the fan-makers sweat their asses off to meet
demand which makes them scapegoats for our body heat!

扇の肋財も「骨」で、ひやりと怖い妖怪の類にもなりがちを、扇縁語は英訳無用も、お尻の慣用で間に合う。扇子を畳み鞘に入れるを納涼納めともよびたい。

手妻師の持る扇の心地して
あうげば消ゆる汗の玉かな　真顔 1815
Imagining I am a sleight-of-hand artist working with a fan,
I lay back fanning myself, and pearls of sweat just vanish!

やっと、後期江戸の方の狂歌。大狂歌師真顔もやるね！扇一本でお手品の見立ては、狂歌の軽みの好例になる。

苦熱誇張

水干せて川原小僧も弱りなん
頭の皿の割れる暑さに　浜辺友垣　1812 上方
Water dries up and the shallow bowl built into the head
of the kappa boy cracks in this heat like his river-bed.

河童の「軟頭」は乾かねば割れぬを…。河童好き日本人もおられた。水遊びに夢中の子の愛称に「河童」とする水遊び狂歌もあるし、「世の人の己と水に溺れてハ咎を汝に浴びせるぞ憂き」という河童弁護も詠んだ天明狂歌＋英訳は「ご笑納ください」にある。

小町ではないが暑さにひいやりと
砂糖水あらば飲んとぞ想う　栗洞　1767
While I'm no pretty Komachi girl in this heat I do think
that, if led to a cup of chilled sugar-water, I would drink.
二語の do と that 抜きの方がいいかも知れないが又
While I'm no pretty Komachi girl, in this hot little town
if I saw a cup of cool sugar-water, I'd gulp it down.

上方の大御所詠。「可愛い百人一首」に入れたい首具体的な行動「せん」という姿勢は「もがな」と一緒に我が好む歌体なり。

田にも病い付かぬようにと灸より
暑き日を背に受けて農作　羅龍　K14-2　1803
Doing farm-work taking the heat o' that sun hotter than cones
of mugwort on our backs is what keeps the fields healthy, too.

焦熱の地獄の責と暑さ苦に
病むや菩薩を作る身ながら　其遊 K14-2　1803
Having to suffer the pain of heat & burning torture of Hell while
we/they're the ones who produce Bosatsu rice with a smile.

左は、灸より暑。雑草との格闘だろう。右の We か they を択ぶ視座を敬愚一人では中々択べぬ。詠む人其遊の人生を調べなければ。当の銘柄は米国にも買いました。夏農業は大変ですね。

夏祓

祓とて持ちて行てし雛形も流して帰る空手涼しき
After sending scapegoat dolls downriver in our stead,
it feels refreshing to return home empty-handed.

1809 以前の上方狂歌本の切抜覚の首には、現代短歌の感じでしょうが、どうしても流れを切りたくなかった…。

贈れた西瓜も思い切って

冷えたばかり味が良かろうと言うはスイ
カッと打ち割って見てきこしめせ　月洞軒

a poem about good taste to go w/ a summer gift

Cooling it down shows you know what's water\
melon when you open it with one decisive cut!

「粋」は、よく冷やしてから開くのが前句に掛けているかと思うが、いかがでしょうか。

秋

初秋の風邪に手紙に残暑

秋きぬと目には見えねど引く風の
しわぶく声に驚かれぬる　入安　1666 再載
Fall arrives unseen but the cold we do not see some caught
so the season surprises us with a husky voice and cough.

藤原敏行の古典和歌「秋きぬと目にはさやかに見えねども風の音にぞおどろかれぬる」の本歌取りが載せた大狂歌集より五十年も早い入安は雄長老同様に桃山時代生まれで風邪も朗らかに笑える。これを不吉か凶だと叱る人は、気の薬の働きを知らない。こう詠めば、初秋の風を引いた患者の嫌な気分は、少しでも取り直す。歌一首でも獲物できたら、元気になる人間の性だ。

涼しさを巻き込んで来る文月は
一葉の風の散らし書也　　貞徳　初期狂歌
Bringing coolness wrapped in its envelope the Writing Month
falls as single leaves, letters of script scattered by the wind.

こういう狂歌もある。だから、「ご笑納ください」に英訳を遠慮した。初期狂歌の闇将軍の美しい歌は駄作にしてしまった。

残暑　二三ぷくたばこ呑む間に夏過ぎて
火皿にハまだ残る暑さよ　猪葉 1770 頃が題林再載
Summer passed as fast as a few puffs of a pipe but, say,
I still feel the lingering heat as if it were in my ashtray.

火皿は、もうそろそろ盆のそれに成るが、その前に七夕だ。

七夕に先ず参加しようと

逢ふ時は笠や脱ぐらん 天の川年に一度ぬれ過ごすとも
While they meet, let's doff our hats to show the Stars respect;
one night a year, it would do all of us good to get wet!

有皮の 1740 以前の狂歌は、5-7 と 5 と 7-7 の変な歌体はどうでもいい。素晴らしい姿勢を完璧に表す傑作だ。

七夕の空に怪しい事も見えて

七夕を羨ましとや夜這い星スバルがあたり飛びまわるらん
Are those stars among the Seven Sisters shooting about up there
lustfully swiving themselves from envy of the Tanabata pair?

七夕の雰囲気に乗る 1533 年の歌合にある、釈三卜の狂歌も蛇足無用。同じ天象を、天明狂歌の礒の屋黒人がこう詠んだ、

天の川あちこちと飛ぶ夜這い星は祝いて打てる石にや有らん
Those shooting-stars we may see fly about Heaven's Milky Stream
must be stones thrown to fete the stellar couple's nuptial dream.

七夕のころに、流星群を見ることはしばしばあるか時折あるか判らないが、そう言えば先の羨まし星が自分でも夜這いするとだけ思ったが、石を投げたら覗きもしたかも。

千年前の七夕狂歌とは

織女のもろ手に急ぐさゝがにの雲の衣は風や裁つらん
Yes, the Wind is bent on renting her robes of gossamer cloud;
the Weaver can use some help – how good to see spiders out!

このとても上品の狂歌は、実方（958?-98 年）の記録した小大君の和歌また狂歌の傑作です。

七夕の食事は蜘蛛のお尻から？

ひこ星の来べき宵なりさゝかにの蜘の糸より細きそうめん
Maiden-hair somen thin as the web of spiders, whose movement
lets her know Cow-herder comes, tells me Tanabata is present.

上記、上方狂歌の祖師貞柳（1654-1735）の歌は英訳可能が、四方赤良の「七夕を思へば遠きアメリカのアマサウネンの事にや有けん」は無理。アメリカに天も掛けないし、The Milky Way は川に成らない。しかし、心が Amazon まで及んだ天明狂歌の聖は amazing だ！素麺と語呂合わせてもいいと気付きましたか。

七夕色々の滑稽

星合の空な詠めそ今宵払ふ枕の塵の目にや入るべき
Were I you, I'd gaze not up at those Loving Stars – and why?
Tonight their bed is dusted and some might get in your eye.

上は、題林再載で見つけた天明狂歌の大御所杢網のとても楽しい歌です。一年ぶりだと、塵は一杯溜まるから、砂嵐の如になると。覗きがだめと言わず、こう詠むのが愉快。

若きより年に一度の星合は養生深き天の川哉
From a young age, doing it but once a year, no doubt,
building up vitality is what the Milky Way's about!

恋痩せし七夕様へ手向けには身に付くような哥を詠めかし
I would compose a poem with solid food for thought (not puff)
to fatten the weaver, who pining for love, is thin enough!

左は、女嫌いの信海の 1670 頃の再掲載も多い星合教訓。現在のいう細長く愛してとはやや違う、かの腎虚を指す。一方、右の 1832 以前の『七夕狂歌』にある掘江崖女の歌には情けある。中国人っぽく描かれている星神の姿は、確かに細くなりがち。

七夕の人見たまわば武蔵野の草葉の虫とおぼしめすらん
To ye Tanabata pair, we humans would be as easy to ignore
as bugs upon blades of grass in the vast Musashi Moor.

二回も一茶の日記に出るが、女性に負けない天人に対する共感か人としての達観は感じる。細長い色紙の短冊のお願い事も中々見届けないという和歌の読み覚えもあるが、年一度のせっかくの逢瀬の邪魔かと敬愚も思うが、一茶のいう通りでしょう。

七夕狂歌の傑作、又も又もある

今宵こむ人には逢わじ七夕の久しき程に待ちも社すれ
I shall not meet whoever comes here tonight, for my wish
is not to have to wait . . . . a year for every date!

七夕に初にご紹介した笠を脱ぐ濡れたい歌と並べる、最高の参加系七夕歌かと思う素性の傑作は、誤解されがち古今歌＃181。これから毎日お目にかかりたい貴方、今夜は縁が悪い、次逢は一年後になるかもしれない。

千世の秋契りにかけて星祭る庭のさゞれや巌とも見む
With the vows of the Stars unbroken for a thousand Falls
I see boulders in pebbles as we fete them in the garden.

1722 没なる従二位藤原為綱の歌は、時空を妙に捉えながら素朴で良い。余韻もあります。優雅狂歌百を作れば入れたい首。中国の神話が大和化なる。『古狂歌 滑稽の蒸すまで』をご参考に。

こんなに賑やかな盆踊りの狂歌

顔はられ足ふまれてもヨイ／＼と互いにまるう行き踊り哉
Faces get smacked, feet are stepped on yet all is ‘yoi yoi!’
in our unbroken rings of peace and joy . . . folk-dance!

青青園蕪坊（1758-1815）は婦人科医だったが、妊婦を沢山みてから歌に「丸う」という語と結ぶべきかどうか知らない。同時代の優しい雑俳を思わせる、確かに良い歌だ。失出典。

世の中は丸盆踊むつましく人の振り見て直す我が振り
In our times, Bon Dances have literally come ‘round like a cradle,
good to watch the moves of others and correct mine as I’m able.

1793 以前の臍黒主の江戸狂歌。古きは道を進めながら踊ったを、いつから広場をぐるぐる回るものに成ったか。勉強になります。嬰児も人を真似するから睦ましい。やはり、やった事もある。

衆目の見るは許せど此町の盆の踊は指もさゝせじ
All the onlookers are permitted to look, but in this town
no one is allowed to point a finger at the bon-dancers!

同じ本にあった上記なる紀若人の首も、お判り？人を馬鹿にしてはならぬ。笑われると、踊るを諦める人もいる。親切な町だ。

酒に酔ひ気をうからかす踊りしは盆に肴を多く出す故
We drink until we're drunk and feeling giddy try to bon-dance:
so, the reason we participate is the abundance of salty snacks.

安親の「題しらず」歌は、金門の「夜もすがらあなたこなたも踊子の豆ふみ出す足のうら盆」という物名と描写が楽しい単純の首と同じ 1679 年の大狂歌集に出たが、「故」止めの安親の首こそ概念上面白い。肴が多ければ酒も沢山飲み、普通踊らない人も踊る「盆」踊りの肴が山盛りするこそ、すべてが旨く捗る。で「盆」踊りだ。英訳するまでに通じなかった複雑な歌体に物名歌かと気付けなかった。やはり後期江戸の「題林」に「豆」の方が再載されたが、この深い可笑しみは見逃された。

父は子に子は父のため顔隠し踊るを見れば吾が党の者
Seeing the dad hiding his face for his child's sake and the vice-
-versa while they danced, I saw in them my type of nice-guys!

十数冊の上方狂歌本を編集した繁雅の 1800 年以前に詠んだ、この狂歌も恥かしがり屋の多い日本の記録。第三者という観測しながら、我が党の者だと自嘲にもなる。前の肴があって踊る盆仮説と同様に、日本の文学界に我が党おられば、名歌になる。

In the wee hours of the night,
even grandpa & grandma grow bold
in their dance – yes, a thousand years ago
there was naught but children, if truth be told.

夜ふけては祖父祖母までも大踊り千代の始は子供のみにて

上方の狂歌師天地根が 1821 年に詠んだ上記に絵もあるが、六十の賀の配り本だったから本人も愚に返えたのを若返りと合わす。

魂迎え・魂祭・玉棚の妙な考え

秋の来る方を木艸も願うのか露の玉こそ水晶の数珠
Do even the plants pray for the good souls who come each Fall
that they are covered with dew seemingly crystal juzu beads?

この光広卿つまり烏丸（1579～1638）の初期狂歌も「題林」という後期江戸に再載されたが、水晶を見て死者と連絡を通るのが日本の巫女よりも韓国の mudang かと思ったが、その話は「ご笑納ください」においては、次の首へ進みたい。

招きても常にお出のなき人は誠に玉の客にぞありける

“Rare” and “soul” share a homophone and so, said in Japanese,
our current guests are all tama-ni or tama-no visiting in peace.

百呉の 1748 以前の上方狂歌は故人を個人と捉えて、「たま」を掛けない英訳は無用ながら、メタ狂訳としてトライせねばならなかったが、駄目？偶々で真の魂とは、可笑しくて良かろう。

なきたまか今日は見えると聖霊を祭る盲は秋や楽しむ
A dead soul is invisible but today he sees it best of all:
the blind man celebrating our spirits enjoys the Fall.

都吧の 1809 以前の上方狂歌。視座ならぬ視座もある。亡き魂＝無き（眼）玉の掛詞の有無知らないが、心地いい詠み。目に見えない世界に有利なる盲人の心を考えさせる。一見しては、納得した。同本のご白賀も曰く「見ぬが花水を手向ける盲人の知らぬが仏まつる玉棚」は道理にかなう。が、視力は一感でしかない。亡くなった方の声と匂いと触りの欠席を、盲人は他の人よりも強く意識するはずでしょう。とは言えながら、都吧の首には、まだまだ我が首も頷けたがるのが変です。

名月と睨みこくら

今日の秋眼の玉の月は一つ睨みこくらによるや世の人
This day is when the people of the world convene each Fall
for a staring contest – the moon's one eye against us all!

林栗は名が上方でしょうが、題林再載で 1818 以前としか言えない。「ご笑納ください」に八百字の睨みこくら論もあるが、三度目に読めば、ともかく月見の捉え方として極めて変で、子供の異見も集めて聞きたい。

中空は星まれにして下界には月見る人の目玉きら／＼
With stars in mid-sky few and far between, on earth below
the eyeballs of moon-viewing people twinkle as they glow!

1792 以前の上方狂歌の貞右の首は、あたかも鳥が見た様な視座。なるほど、月夜に星の代わりにもなる人の目は。星闇に瞳あり。

名月のお陰で黒い物質の発見か

夜這い星もかげ見えぬまで照る月に空はカラス飛ぶ斗りなり
（計りは、美しくないで程の意味のばかりの古当字にした）
When the moon shines too brightly to see falling stars,
the only thing flying in heaven must be those ravens.
（烏の意味をどう理解すれば知らないでもう一本）
When falling stars cannot be seen in the moonshine
the night sky is so dark it must be crow-flying time.

後期江戸の天地根の愚に返る賀の配り本に先ず見つけた歌を題林再載に六十歳まで生かず國丸詠とある。ならば、大坂丸派の祖として門人 1300 名もあった混沌軒国丸は、別号に玉雲斎貞右 1734-1790 か。変な暗喩でしょうが、英訳こそ曖昧。太陽の化身の八咫烏か、ただのカラスか、そういう詳細に弱い。

月見の上を見るが困ると喜ぶ両面

月見ばかり蟹と鰈にあやかりて眼の苦労せず空ながめたや

How I wish we might moon-view like the crab & butterfly
without the strain or even pain of gazing at the sky!

いんぎんに腰をかぐめな仰向くが月の主へ礼儀なるらん
Oh, no, bend not at the waist in the formal style tonight!
When the moon is host, looking up is how to be polite.
しかし、申し詠む人ご本人または月の座の主だったら
Oh, no, do not bow low to me in the formal style tonight;
when the moon and I am host, looking up you are polite!

左は、月見のキツイ面になる。少年のころ首を怪我した敬愚は上を向いて歩かなくても、涙出るから、1679 以前の安親の初期狂歌

を読めば、蝶々の目はよく判らないが蟹（あるいは蛙）は羨ましい。右、虫丸の 1812 以前の上方狂歌は、一日中も頭をぺこぺこしなければならない日の本の人々、今夜ばかり眼をぱっくり開けて上を向くもいい。礼儀だ。作法だ。上下の身分意識を極めた徳川幕府が背後。これも教科書に見たい首だ。「月の主」と言えば、お月様の他に月見客の主催者で、主が二つなる曖昧さも面白い。

美人と化粧を考えさせる月

今宵この月は世界の美人にて素顔か雲の化粧だにせず
As a world-class beauty, is the moon tonight, so damn proud
she goes out barefaced eschewing makeup, i.e., clouds?

この蓬莱帰橋の 1785 年以前の天明狂歌は名月の名狂歌。「今日の月衣通姫は曇りても」と云う桃隣の句の方が敬愚の趣味に合うが「世界の」と言えば日本人らしくない自慢を仄めかす表現も面白い。雲を肴（西行や兼行が雲こそ歓迎した）ではなく、お化粧と見做す事は、日本人に雪の肌を謹んで化粧で隠した事もあったからこそ。1214 年に詠まれた「昔」の裸の月の捉え方は「壁塗」の職人の「白土を重ねて白き月を見てモロコシ迄の昔をぞ知る」観点も面白い。色々ある月です。

月の独り占めしたい心

かつ見れど疎くもある哉月影の至らぬ里もあらじと思へば
Oh, I used to love that Moon, but now s/he makes me blue,
when I think there is no land where s/he is not on view!

紀貫之の古今歌＃880。名月を褒める。その明るさはどこまでも見られる。が、皆に見られていると思えば嫌だとまで詠んだことは、貫之の可笑しみ好き、つまり狂趣を示す。これは無心でしょうが、貫之に負けない西行の狂たる月の有心歌も見よ。

月は残虐でしょうか

心をば見る人ごとに苦しめて何かは月のとりどころなる
Torture is her art and she knows just how to hurt each heart:
Luna, author of this harm, what's the secret of your charm?
（現歌に諸々意味があるから、もう一通りの狂訳を足す）
Reading minds, to each of us she brings a separate gloom;
So . . what is it, then, that draws us out to view the moon?

百人一種にある西行の「かこち顔」の月は、読み方によれば更に狂度の高い擬人法の涙が一人歩く歌になるが、鬱なる月は以上です。下記は我が最好の狂歌の一つ。英訳を先にして御免。

月夜の出会い

In a reverie, I walk through the fields . . . right into a cow;
and saying "Pardon me!" below the Coral Moon, I bow.

うか／＼と野飼の牛に行き当たり
お許しあれと言ひし三五夜
餐霞亭雨風 K16-2 1811

十五夜を三五と言えば、珊瑚の連想も呼び出す意味と牛の長話は「ご笑納ください」にある。後者について、二点だけの道草をここに一口かむ。先ず、五年間ひき続いて病む妹とその農場を世話した頃、牛と一緒だった時は気の薬になった。狂歌を読み、狂訳する有頂天と異なり、心を安らぐ動物です。歌の如く、夜にぶつかってお詫びした事もある。もう一つは、変な事に惹かれる牛の性格だ。仰向けに自転車でゆく様にに足を動く事などで牛は「何じゃ！何じゃ！」と走ってくる。

牛やかく逆さま事になろわしか蜻蛉返りが好きであつたハ

Cows – does this go to show they're contrary to a fault,
that I can recall how much they liked to somersault?
（こんなに和歌らしくない変わった口語の歌体は）
So, are cows just like this, contrary and quick to balk?
I can just say those I knew loved to do somersaults.

1781 年成立の上方狂歌本にある義栗の写生の「なろわし」は「ならわし」ないし習慣的な行為。これも見た。大牛は柔道に投げられた様に片肩の接触からそれを行う。読者諸君、これで狂歌に出あわない事はないと悟ったらいい。狂歌を食わぬ嫌う文学界は、それで牛のトンボガエリ等も見逃してしまう。

食いたがる月は名前の文字通り

望月を汝が箸にかけんとやぽっかり口をあきの夜の空

This Full Moon as brightly white and soft as a sweet-rice ball,
chopstick pinched in mid-Fall: open thy mouth & don't let it

喰い足らぬ噂も聞かず唐大和 たつた一つのもち月の影

Who, sighing in dismay, wants more mochi in the sky tonight,
when this moon is bright enough to feed Japan & all Cathay!

食べ物として見る望＝餅月。左は 1666 年の最初の多人詠狂歌大集に出た浄久詠み。Don't let it fall ですね。同本の釈教部に釈教歌部に勝可の空に食う望月もあった（くふに在りてくふて見られぬ望月の其の味わいを誰に問わまじ）が、上記「唐大和」の 1785 以前の天明狂歌名人濱邊黒人の名歌にこそ脱帽です。

月の兎か月は兎か

元禄　丸て／＼あんな山からちょっと出るを
ちゃっとすいしたこれも兎じゃ　月洞軒　元禄
Soft, softly round that hill, peeking up, barely there
coming out just a wee bit . . . so is it, too, a hare?

横の一行には少々長過ぎた腰折らぬ月の兎が、観測として俳諧に負けない写生歌。とは言え、兎月歌句賞を超波の「名月や兎の糞のあからさま」と分けて上げたい。一方、心のみ描く月の最高の歌句は一茶の「山のはや心で月を出して見る」です。老一茶の評判は今一つで、見逃されてきた好例です。

月さんは我が友なる歌

十五夜にうかれ出でれば月も又浮かれて供にありくようなり

十五夜を歩く雰囲気そのままに綴る 1829 年の大狂歌師真顔の追善集に出た、狂名一字の清が詠んだ首は、月との関係の好例。英訳せんと三つ微妙に異なったポエムが出来たが、解釈も要るから「ご笑納ください」に残して、ここに遠慮しました。

隠れゐて我があと去らぬ影法師
居並びてだに月を見よかし　大隈言道
(古語の「だに」は「せめて」「よかし」は優し命令か)
You would hide, Shadow-monk, and always follow me about;
Let’s try sitting side-by-side . . . if only when the Moon is out!

言道は和歌の人ながら、これほど純粋なる概念狂歌は少ない。雲が伴わなければ一人月見は御免。後ろ向いて影法師を見たら影法師は傍に来なくても良いと敬愚は思うが、可笑しい発想。

全世を一里に結ぶ月とその邪魔者

足引きの山は無くもが月見れば同じき里を心隔てす
I wish them gone, all those leg-tiring mountains as they part
our countries, when viewing the moon we feel of one heart.

誰の歌でしょうか。再び見たら業平かと思ったが、本当は大伴家持の万葉歌＃4076 だ。足引きで私恋の臭いも避けないが、より大きな詠みとして理解したいように狂訳をしました。

同じ体験ある人は、何人おられるか

月影も芋の名にあう今宵とて箸にさす程酔にけらしな
This evening, we eat below the moon that is named Potato
and here I am drunk, stabbing one with a chopstick, whoa!

「月前酔人」が題の 1790 以前の上方の栗圃の狂歌。八月の十五夜に名は多いが芋月はその一つ。芋で妹の噂を聞いて自棄酒でも呑んでいれば月見によろしくないが、我も酔って、里芋か大和芋かともかく、海鼠よりもねばねばとして、挟めきれず、割箸一本でグサッと挿しては食った思いが明白です。

桂男・桂雄の色も月の色香

あまりじゃの秋の夜毎の色ごのみ月の桂の男よけれど
This is just too much, sex and thinking about sex, every night:
the Man in the Moon is handsome enough, but it isn't right!

「女に代わりて詠みて送りける」月洞軒の歌の桂の男は、女の人を求愛した業平みたいな存在だった。桂の木は英米で無名だから、月の男にしました。心の中では男性が面食いとよく言うが、社会心理学の調査で女性こそ選好みが厳しけれど、男性の経済的な力を証明する服装なだも外見と混合されがちになる。

月影のさしあい遅しと月の内の桂男を招く稲妻
As the Man in the Moon comes later each day: after twilight,
his wife, Heat-lightning, comes out to flash him in the night!

1649年に未得が詠んだ「よい／＼に出逢い遅しと月のうちの 桂男を招く稲妻」。上記上方狂歌の大御所の木端の首は焼き直しか、当の歌をずっと前に読み、見つかれずにわざと作り直したか。一茶の大根で道を教えられた句にも川柳二本の本句はある。

名月雲 Seeing Some Clouds by the Famous Moon 卜養
桂男鼻やひるらん世の人の名立てがましき月の陰ごと
Did our ladies' man up there just blown his nose? What a cartoon!
I guess someone on earth must be bad-mouthing the Moon.

俳諧には朝顔に鼻をひるのが、少し後になる元禄か。迷信を弄ぶ上に、名医卜養が、美男子も嫌らしく手鼻をひるぞ、と言いたかったようです。因みに、桂の花と本物の月の微妙に変わる色を結ぶ歌をまだ見つけていない。中国の詩では白いが…。

秋は萩というよりも食欲と関係ある奴

人はみな萩を秋と言うイナ我は米の出てくるを秋とや云わん
Though all say clover is what stands for Fall, let's get over that:
The harvest of our new rice is what makes this season nice!

桃山の雄長老は必ず、ずばり。萩に「秋」をもって、否やの稲こそ良いという掛詞に、「皆＋萩」と「否＋秋」の脚韻もある原歌に比し、英訳のちょっとした nice と rice の脚韻は、及ばないが、米の十キロか二十キロ紙袋に狂歌＋英訳を載せたら面白い。

稲の穂の寝て話し合う民草は秋の最中のよさとこそ知れ
Our heavy rice-heads put to bed, we folk-tale all night long;
if you think anything beats mid-autumn, you are wrong!

友つなの 1806 以前の上方の狂歌の「たみぐさ」は民衆を見下すという意見もあるが、美しい言葉でしょう。一晩中寝転んで話し合うも良いが、明白に良いと悪いを詠むが狂趣のうち。

野分も名歌と限らない

里の子に追ひ駆けられて毬栗の地に逃げまわる風の激しさ
Wind so strong that spiny chestnuts fly across the ground
beyond the grasp of urchins trying to run them down!

天明狂歌の大御所朱ら管江の名歌は全文「激しさ」の形容でしかない日本語得異なる歌体。英訳でポエムの感じは皆無が、どういう訳か、英訳は何本でもある英米にも知られる狂歌です。

文月の半ば見かけて吹くるは草木をしおる初嵐かな
Midway through the Month of Letters our first-gale parts
leaves of grasses, bushes and trees as if by a bookmark!

夜もすがら野分の風の激しさに草は臥したり人は起きたり
All night long, the violent winds of the Field-splitter kept us
men up and wide awake, while making plants lie down flat.

左は、古七月の美称を大変詩的に詠み込む浅草千則の 1793 以前の江戸狂歌。ハリケーンの体験が数多ある敬愚に言わせれば、完璧な要略になる右の馬道霜解の 1792 以前の江戸狂歌は、野分の勝ち首だ。

栗は先ず毬栗のイガに、後は実の銃弾に注意！

手に取れば人を刺すてふ毬栗の笑みの内なる刀おそろし
The chestnut has a pleasant smile, but beware its tricks:
when you reach for its nuts, you find a beard of pricks!

これは、本来、太平記より。まだ泰平でなかった日本の社交の描写だ。警告だ。1672 年出た大狂歌集の変種は権僧正公朝よみになるが、狂訳は朝置きの夢にできた、*Mad In Translation* の多くの訳の一つ。刀が棘に化けて、しもねた っぽく読める。

1672　落ちてあるも知らで木陰へ立ち寄れば
足にたちまちびっくりの毬　正香　T30，K15-1
Entering the shade, unaware some had fallen from the tree
suddenly I was surprised as the chestnut's spines stuck me.

栗の木の小林を世話した体験もあるから、狂歌の現実主義にも惹かれる。初期狂歌ながら、1757 年の上方狂歌本に再載ある。「ビックリ」の掛詞一つで生かされている。

鉄砲の鍛治しやさかいて？焼く栗も玉と飛ぶ也ぽんと弾けて
As the blacksmith forges muskets, a chestnut roasting on the side
explodes with a bam, shooting off like a bullet: we could've died.

題が「鍛治焼栗」。貞右（1790 没）の上方狂歌の内容も体験済み。四十二、三年前だった。栗に開くべき穴を抉らず、ストーブから栗のばんと爆発し、弾けて四畳もない石の小屋の中で壁から壁を何回も撥ね返した時、小生とトルコ人の恋人と父と再婚者の看護婦の四人の誰にも当たらずのが奇跡だった。故に、父に激しく叱られた最後の思い出として、只今われも笑みながら目が潤む。これも気の薬と言うべきでしょうか。

九月九日・菊際と長寿の秘密

今日酒に菊も浸さぬ不性者なか／＼命長く有るべき
He who today lacks even drive to steep 'mums in wine
will probably be the very one to live a long, long time!

残念ながら「辰巳？ 出典？」です。この不性者と海鼠の関係を知りたければ「ご笑納ください」をご覧になって下さい。

毒じゃとて常に叱った山の神も今日は薬ときくの酒盛
Usually called poison by the mountain deity called my wife
today rather than scolding she says drink to save thy life!

魚丸の 1812 以前の上方狂歌の言う通りでしょう。菊酒ならば、妻も薬の百長と認める。菊の香り大好き敬愚は、長生きするよりも、菊を沢山飲食すればミイラになるかという気もします。

積もりては下ゆく水となりぬらし今日つむ菊の花の上の露
Rejuvenating liquids, building up, flow out below they say,
but the dew was still on top of the asters I plucked today.

物の概念か観測は逆になる指摘は、狂歌。とは言え、この半ば逆説的な首は、1243 年の新撰和歌六帖の知家が詠んだ。

人は皆秋ハ悲しと言う中にかゝる香のある菊ぞめでたき
People say Autumn is a melancholy time but all is not dour,
for the chrysanthemum with that scent is a blessed flower!

敬愚とそっくりの鼻を見つけた！朱ら菅江の題林再載の天明狂歌。彼も我同様に、梅の花の香りを知らないかどうかを調べたくなる。あの菊を嗅ぐとミイラになって万年も生きんと思う。

女郎花とその上に「落ちる」男たち

色にめで折れるばかりぞ女郎花われ落ちに来と人に語るな
Drawn to thy color, my damsel flowers, I bent to break-off a stem,
but now I've really fallen for you, don't tell a soul what happened!

見た目では、大した花でもない女郎花。その名のために万葉まで遡るが、歌中の人気は、上記の遍昭法師（816-90）の著名歌のおかげである。前に maiden flowers と英訳したが、騎士の口から出そうな damsel 称を使う人もいる。いずれにしても、

名乗るべき花の名ならぬ女郎花落ちかた人もいかが答えむ
Thy name given, "damsel flowers", is not proper to do battle:
how may the vanquished party reply to quell thy prattle?

上記なる宗良親王（1311-85）の首は武家が支配する中世らしき、馬に乗る人の相手に成った「敵」は「をみなへし」ではなく固有名詞が要る名乗り（万葉第一歌の雄略天皇すら卑下っぽい調子ながら女の子の名を訊いた）が要るぞという頼みは狂趣味也。

何にやら似たもの人のあだ口ハまことにうき世の嵯峨の松茸
They sure look like something but from what I hear people say,
matsutake mushrooms have a hard time in Saga even today.

道草になるが、佐賀は上の通り。江戸中期からの佐賀女評判かと思ったが、「ある物の本の中に見えたる」月洞軒の師の信海（1688 没）の歌だ。念のため、この師は男色ないし女嫌いで、松茸を狙う嵯峨の女郎花を思うだけでぞっとしたはずです！

御座れとて芒の穂で手招けとも厭やだとてくねりくねる女郎花
'See, we have them!' beckon the waving plumes of the Miscanthus;
How they squirm in dismay! The Maiden Flowers cannot stand us.

1660 頃にト養の歌は希なる花同士の芝居みたいの傑作を、芒・薄の英訳は困難で、科学名となるが、野がまるで赤提灯地帯に化ける申し訳ない狂たる擬人劇場ですね。女郎花にも自我ある点が目立つ。Damsel より maiden の「嫌だ」という元気もいい。

宮人とならまほしきを女郎花野辺より霧の立ち出でてぞ来る
Though they all wish to serve the Court, it is beyond their power;
'tis fog rising from the fields to come, not our damsel flowers.

956 年の後撰集の題しらず読人不知の歌の雰囲気。貴族の視座から詠まれた大昔のそれがト養の俗世の女郎花と好対照になる。

名に愛でて下りるばかりに下馬札のある門前に咲く女郎花
Seeing they have that reputation, for both of our peace of mind,
the damsel flowers bloom by that gate with a "Dismount!" sign.

女郎花歌を締めくくるに、新奇ながら古歌を掠る作法礼なる「門前女郎花」と題なる上の畝丸の 1812 以前の上方狂歌。下馬の提案にもなる、この歌を敬愚は愛でる。

百合の花の比喩もさすがに

山蜂のかたちに花の似たる故にほひや遠く人を追ふ蘭
Lillies look so much like wasps, it's no surprise at all to find
their scent chases us all about, driving us out of our mind!

公通卿つまり初期狂歌の烏丸の名で天明狂歌本や題林などに出た少々くどい変種もあるが、国文学の教室にこの首を紹介すれば、古文の「～らん」を学生は早く覚えそう。残念ながら、あの「らん」掛詞のオチ無ければ、狂訳も原文ほど面白くない。

萩に涎

真っ白なはぎにみとれし仙人の涎なるらん花のべの露
By white clover/calf besot, the cloudborne saint became a fool
that is to say, the dew upon that flow'ry field is his drool!

言葉遊びもないが橘打枝の 1792 以前の江戸狂歌に、古鉄の見多男の 1783「秋風に山の裾のの吹きまくり顕らに見える白はぎの花」の秀歌に涎も加えると、とても新奇になります。

露と葛の私考

しら玉か何ぞと問わば其まゝをのべよ千草の色々の露
Asked what are these pure white-gems , I'd literally field
that query to the dew, unique to each plant, each leaf.

遍昭の名古今歌「蓮葉…露を玉と欺く」から、天明狂歌「蓮葉に残れる（飯の）粒や露と欺く」や、本居宣長の「露を玉とのみ見む」までの過程は「ご笑納ください」は詳しい。上記の 1819 以前の上方狂歌の百年の「野辺＝述べよ」とは、宣長の自然主義に負けない唯一の露の心を詠む歌だ。日本第一露哲学者は、一茶です。

茸・松茸の独り占めは男かい？

松だけのおゆるを隠すよしだ殿 わたくし物と人や言うらん
Stop, Sir Yoshida, hiding mushroom erections & share thy wealth
lest people say that you keep what nature endowed for yourself!

桃山時代の細川、改名長丘幽斎が詠んだ傑作。男根見立ての旬の密蔵をケチしてならぬぞ、と叱る傑作だと思いませんか。1790 年没上方狂歌の貞右の「取るという言葉をおかし何やらに似た／＼／＼と笑う茸狩」も可笑しいが、凡作だ。

落雁の棒引くシュール

鳥さしの手には及ばぬ雁がねのさおに引かれる星月の影
The geese arrive, all still alive, beyond the bird-catcher's ken,
flying a line straight as a pole, pulling the stars behind them.

為也の狂歌は 1816 以前の後期江戸狂歌。何かが引かれる雁歌の先例は源俊頼（1055-1129）の「初雁のなきつる空の浮き雲を鳥の跡とも思ひける哉」。当然過ぎるから狂歌にはならないが。

御狩にもあわぬ先よりひと竿につらなりて来る天津雁がね
Before hunting starts, geese fly in and each line I see as a pole
人の腹へお汁に成っている雁は是もミなみにとまる也けり
（南＝身並みに＝皆身に？又題林再載は「原へ落ちる」）
from which they all dangle and imagine eating them whole!

上は、未得の 1649 の歌と文通友だった初期狂歌の闇将軍の貞徳の歌を合わせた狂訳である。当時、落雁をやはり食物としか見なかった。下記、江戸後期の落雁歌の無心は在り難い。

鳥おどし矢は放さねど秋の田に落ちるハかりの当たり前也
The scarecrows, their arrows never shot – yet, seeing fields below
the Autumn geese can't help but fall into them as if they were.

天地根の歌は、掛詞の屁理屈の傑作だ。下記、武島羽衣著「霓裳歌話」に再載された後期江戸狂歌の蟹子丸の首は好き。

あと先になるもどうやら女文字候べく候の雁の玉章
The way what was last comes first, for some reason they seem
to me like a woman's script, the beautiful letters of the geese!

いい観測だ。長距離自転車競走の選手同様に代わり／＼になる飛行の編隊中も、配置次第に心臓の脈は 15%も減る。確かに、女性は文尾に「私は」か、ただの「は」を置くこともよくある。

長夜の長尻に漠もアキなる

雪隠の窓は閉じても秋の夜の長尻寒う吹きまくるなり
Though the w.c. window is closed on this long autumn night,
my buttocks feel a cold draft as I, too, take my time.

琴之の 1809 以前の上方狂歌と同じ本に、狸鏡の「秋風のふく手も寒し雪隠にすわらぬ尻のあなめ／＼を」もあるが、汲み取りの下から多摩川の寒風を手にも尻にも感じた思い出もある。

世の中の人が十分寝あまれば喰らう獏もや夢にあきの夜
On these Fall nights when people get more than enough sleep
the nightmare-eating Baku finds he has more than he can eat!

1815 以前の継風の上方狂歌。夏痩せする短夜の獏の良き対になる。内容が薄いが、最後の句の掛詞でジョーク欲の秋になる。

秋の夜を長き物とハまん丸な月見ぬ人の言うにやあるらん
Folk who complain nights are long as bean-poles in the fall
must not moon-view or they'd think them round as a ball.

群馬県出身の上毛の物と物名を比べるどうけた傑作を、宿屋飯盛著編の玉の 1809 年の狂歌の紹介『新撰百』に見つけた。

昼の内に夜は来にけらし一寐して
今日とや云わん昨日とや云わん　手広　題林再載
Night comes in the day, so when I can't help but sleep, I wake
wondering if it is still today, or if I should call it yesterday?

この 1806 上方狂歌は、古今集一番目の歌の無数の派生歌の一つ。

短日と蜩の声の妙

この季節の最好のポエムは、夜長の裏になる「短日」を詠む：

The crying calls of bell cicadas seem like whips frantically applied
to rumps of Fall days as they, faster than race-horses, speed by.
はや馬の足よりはやき秋の日に鞭うちたてるやうな日暮
A crescendo of bell cicada cries whipping the fall Sun to outspeed
himself day after day until he seems faster than the fastest steed.

1770 の上方『狂歌気のくすり』の題は「蜩」。詠む人は猪葉。一茶の句「つまる日を虫もぎいちょ／＼哉」と蜩の小章もある「ご笑納ください」にも「物に寄する恋」にもご参考に。判るなら言葉は無用が、さもなければDoppler効果などの長い説明は不可欠。

秋の虫の劇場にようこそ

夜なくは珍しからず昼の野へ虫のねごとを聞きに社ゆけ
Crying at night is what they do, too boring, I say, to listen to;
visit fields by day when bugs talk in their sleep – that's new!

白鯉館卯雲詠み、1785 年の天明狂歌の徳和狂歌集より。名歌になってもいいと思うが、解り易いから狂歌を紹介する先生に都合が悪いから…。（というのが不公平か？）

踏むも惜し踏まねば行かんかたもなし心尽しの野辺の虫の音
We hate to walk lest we might tread, but cannot otherwise head
out into the fields to hear the bugs until our hearts rest content.

秋の野に鳴きを聞く／＼足もとも虫の這ふ様にありく旅人
Out in Fall fields, listening to calls and cries below their feet,
travelers who walk as if they were the bugs they'd meet.

上は、静音が詠んだ、1820 以前の上方狂歌は、虫に対する共感が深めた時代を物語る。その気持ちを、西表の軍蟹を見に行った時と同じだ。思えば、国際観光もそうでしょう。下は寝待の 1819 以前の江戸狂歌。正式の詠んだ、怪我を報いとする「里の子が薄で手をばきり／＼す いたくな泣きそ悪さする故」の情緒とハードボイルドを見事にあわせた狂歌も追加。

秋果てばいづれ必死と城跡の草むらに音をたて籠る虫
When autumn ends and desperation grows amid castle ruins,
we hear a rising din from clumps of grass as the bugs dig in

上記、1813 以前の宵甫の上方狂歌の描写は弱い、詞遊びは皆無が、「必死」が時場に合うためか、それなりの傑作かと思う。

草花の露を乳房に吸う虫の髭面なるハ可笑しかりけり
Sucking the dewdrops on wild flowers as if they were tits ...
those bugs with venerable whiskers give me laughing fits!

これはこおろぎでしょうか。兎も角、1819 以前の真名井の江戸狂歌には、狂言の如くの陽気なるどうけた笑いで題を締め括る。

花吹雪よりも紅葉に迷ふか

踏み迷う山道に気をもみぢ狩しおりの紙を鹿に喰われて
Lost on a trail, high in the hills, while hunting ye colorful leaf,
the paper marking our way (good grief!) was eaten by deer.

題林再載の上記は（門に龜で）籤丸詠み。朝雲の 1822 以前の上方狂歌「旅人のしおりの紙を喰い尽くし恋の山路に鹿や迷える」より面白いと思う。発情期には、雄は食欲がないが、雌には余計に有るらしい。

鹿の恋を詠む狂歌の色

妻乞に通える山の下紅葉鹿の立てたる錦木やこれ
On mountain trails where bucks a-courting may be found
the *nishiki* for their deers are Fall colors near the ground

1649 年の天才未得の錦は恋の印とか紅葉も説明せねば英訳は無理でしょうが、いい発想。

誰もみな秋の哀れは知るものを独りや絶えず鹿のなくらむ
Though men are all melancholy in Autumn, we find some cheer,
but there are some who never stop crying: we call them deer.

知家の 1243 年成立の『新撰和歌六帖』より。狂訳の前句の cheer 陽気一点を、敬愚の勝手なる追加が、原歌の翻訳を考慮したまで解読しかねたから、他の読者を助ける必要あるかと思った工夫なる。因みに、女郎花＋鹿の最高の狂歌は貫之の頭文字歌「おぐら山みね立ちならしなく鹿のへにけむ秋をしる人ぞなき」だ。オンラインの解釈＋拙著 Mad In Translation の英訳をご自分で調べたら、ご感想ください。

紅葉のお尻はサルことながら

やよ時雨小猿の尻の無かりせば木の葉の後に何を染めまし
Hey-ho! punctual Time-rain, if baby monkey asses should disappear
what would you dye once you’re done with the leaves ‘round here!

桃山の雄長老の馬鹿げた紅葉詠みは、伊勢物語や古今集歌#53 の「桜無かりせば」のもじりが系譜。秋ながらの時雨でしょう。一度あの赤いお尻が出れば、1671 年の「堀川百合」の著者なる正式が詠んだはずの歌「奥山の紅葉と見てや猿丸が尻をも鹿の踏み分けて行く」で〆た。猿丸の百人一首歌のもじりですね。

狂歌ならではの自力自慢の紅葉

山川の早瀬の浪に流るかとみづから鳥の足の紅葉ゝ
Flowing along with the swirling rapids of a mountain stream
as if by their own power – maple leaves become fowl feet.

1812 年の江戸狂歌本に出た藤人の首、否や足は。他の紅葉歌と異なって紅葉を一つ葉ずつも見えてくる見事の詠みだ。

亀も恐がる狂歌の紅葉の古

山川の紅葉ゝに甲を焼かれてハゑきなき事と亀や逃げらん
Spying maple leaves in the mountain stream, Turtle saw red
from a primordial fear of being burnt for an oracle, he fled!

1808 頃の江戸狂歌本にあった安成の首の「益無き」は亀の甲焼きの「易」の連想になるが、見事のどうけたユーモアだ。

鮎の錆びが和歌にもあるが…

料理せねば吾が包丁と諸共にこの山川の鮎も錆びたり
If the mountain stream sweetfish are not soon turned into food,
I’m afraid both my knife and their color will be rusted for good

1679 年の大狂歌本に出た信安の一首にしておく。

行秋に無用なる送別の贈り物か

出雲路へあす立つ神に捧げばや菊には要らぬ杖の数々
Tomorrow, ye gods head for Izumo and, for send-off presents,
behold these staffs our 'mums no longer need, in abundance!

1818 年の上方狂歌本にでた方雅の可愛い、シュールなる狂歌は好きが、下記の 1672 以前になる満水の首には説得力ある。

神々の旅立たまふ道筋を清めに降って来た時雨かな
As if to wish a bon voyage to the gods, the time-rains
come to purify the whole intinerary, so much is plain!

時雨は冬だが、朝の用意と思えば、行く秋の宵…。

物名ながら神無月恐怖症

明日は又しんきな冬と聞くからに今日よりいたき神無月哉
Hearing the dreadful winter will be here again tomorrow,
the absence of the gods already fills me with woe today.

貞徳の「九月尽」は、物名的ながらあたかもの馬鹿正直の恐怖。

冬

金銀銅：初冬の傑作はお判りになるか

冷たさに冬のかしらを打つ真似か握り拳へ息をかけたハ
Am I about to punch Winter in the head for being so cold?
Just blowing warm breath on a clenched fist if must be told!

紀信時の 1810 以前の江戸狂歌は只々楽しい「冬」部の頭歌。初冬の見事の擬人化。冬の奴に一つ喰らわせたくなる前に拳を暖める。無論、寒いと喧嘩しなくても、そうするが。

冬が今日みやげに持ちてきた時雨ふりかたげたる雲の風呂敷
This Time-rain that the Winter brought us as a present today,
shook out, so to speak, from a cloud – its furoshiki, I'd say!

1798 以前の遙擲の上方狂歌の「風呂敷」を英語人に説明要るが、単純で余韻がないも楽しい。初冬に少ない目出度さは歓迎すべき。

手あぶりに炭はつけとも神無月灰に文字書く冬は来にけり
Charcoal keeps our hands warm enough to write in good cheer
on ash now that the God/paper-less winter month is here!

1672 年以前の貞富の「神無月月がしらより寒ければ帽子ぞ冬の始なりける」の神＝髪無しの歌例が多い。灰を持ち込む面成（1807 没の面成砂楽斎？）の題林再載歌の神無し＝紙無し新案は新奇でいい狂歌。上記三首は初冬の傑作の金銀銅也。

貧乏神無しだったらいいが

偽のある世なりけり神無月貧乏神は身をも離れぬ
It's Godsgone-Month and our world is full of falsehood, see
the God of Poverty remains here, as always, he's with me!

またも桃山の雄長老（1547-1602）だ。詠む事は、当然。

腹太鼓たゝく日もなく金もなし貧乏神をいかゞ送らむ
With a belly never full enough to drum and no cash,
how can Poverty be sent off? It is too much to ask.

1815 以前に、真顔詠んだ「述懐」なる貧乏神送り。この類は多いが、『古狂歌 貧乏神とブルース』画＋狂歌＋俳句の貧乏神を尽くす本もいずれ出すから、貧乏を当分、忘れましょう。

When they leave to caucus in Izumo, we merrily say Adieu!
In our Land of the Gods, this is Buddha-here-month too.
出雲路へ集りたまふ留主なれば我が神国に仏あり月
When they leave to caucus in Izumo, we are still blest
this month in Gods' Country, the Buddha is manifest!

則本太山の 1740 年の歌は見事。英訳二通りの甲斐ある。多宗教を積極的に生かした日本を、教科書に入るべき。歌体は平凡が、「神無月」と云わずに裏を返せば「仏有月」だよ、という発想は優雅。一茶句「受け海鼠仏法流布の世なるぞよ」と同じ趣。

宿り給う神のお留守の印とて こうべも今朝は寒く思える
As a sign the gods who deign to stay within my head are absent,
this dawn my crown felt cold, not that my other kami went, too!

占正の 1820 以前の江戸狂歌。狂訳の閉め括り「別に他のかみ＝髪が共に去った訳でもないが」となる。神無月と一体化するように髪を剃ったかと読むべきなら、教えたら、英訳し直す。

時雨の描写は人の描写也

濡れじとて急げど雲の足はやに走りこくらをする人時雨
They hurry so as not to get soaked, but the clouds it is plain
have faster legs than our folk who'd race the Time Rain!

一見の 1672 年の狂歌。後世の浮世絵みたい。一しきりに降るという一時雨の当て字「人」は原文。長引くこともあるが、足速いは、当の雨の特徴。

芭蕉の時雨は先ず、この狂歌だ

花の父母と云われし雨がふりを変へ 諸国修業を時雨なるらん
This rain is not the one that was father and mother to flowers;
falling hard & cold as discipline on the road, it grows powers.

1672 の大狂歌集に再載された上記の貞徳（1653 没）の首は時雨の本音？を詠む。本来、貞門だった「寂しがらせ」坊の芭蕉は、師の牛の涎には頷けずとも、この時雨こそ受け取った。

時雨を嫌うのも狂歌の特権

鬼ならぬ神の御留守は時雨して洗濯すべき日和だになし
When the devil is away, we do our laundry, that is, we play –
what good is it with the Gods gone when it rains every day?

1794 以前の江戸狂歌の柿葉枝の上出来の「世話」とも称する歌は、時雨の修業は無用というよりも、次元の異なる俗世の時雨観を詠む。秋の青空に慣れた人々は、時雨を嫌がるのも当然。

神無月あまり時雨は誠過ぎた、ちと偽りて日和なれがし
On this Gods-gone Month, the Time-rains are punctual to a fault;
reputation be damned, give us a clear day now & then, just halt!

神無月そりやこそしぐれ偽りの
無き世は見えたさつと止めかし　貞柳 1734 没
Gods-gone Month it is, with right on Time-rain, no falsehood;
we see the world is on course: Now, stop falling! Understood?

上方狂歌の祖の貞柳も、勘弁してくれよ、時雨と詠んだ！英訳みても判ると言えば、変だが、いずれも上出来の狂歌だ。

落葉の冬の陽気や冬の魂を見た狂歌

もみぢ葉の色けは風に去りてみな日を恋しがる冬は来にけり
Maple leaves and all their color gone with the wind,
our sun-loving Winter has now come in for good.

古狂歌の最高の読書になる宿屋飯盛編著『新撰狂歌百人一首 1794』の「初冬」に見つけた鈍々亭和樽が詠んだ首です。葉が落ちても、「見な⇒皆日を恋しがる冬」は心を暖める言葉です。

むさくさの木の葉は落ちてさっぱりとなるのは冬の誠也梟
When squalid old leaves fall off the trees and the whole world
becomes fresh and clean-cut, winter's soul is revealed to us.

貞隆の 1778 以前の上方狂歌。「さっぱり」の英訳は大変だったが、そんなところでしょうか。冬の首は意味が精密を要求するためか、二首引き続き脚韻ふまずに成った。

吹風の手にやはゝきを使うらん 山を木の葉の塵塚にして
Is that blowhard Wind the consumate rake to spoil not keep
the beauty of autumn hills leaving behind a rubbish heap?

未得が 1649 年以前に詠んだ落葉三首の一つ。英語の風に手もないが、rake と云う熊手と女たらしの遊び人で狂訳できた。一方、渭明法師の 1794 以前の江戸狂歌「木々のはを削り落としてかんな月霜柱をもやがて建つらん」の「神無＝鉋」は新奇で脱帽しながら英訳無用。さて、下記は誰がいつか詠んだ歌でしょうか。

隠るべき木の葉なければ神無月 時雨に袖を濡らしてぞ行く
As no leaves remain to hide behind this month, our gods at dawn,
sleeves soaked by the rain called time, left and now they're gone.

正式的には狂歌ではない。990 没なる兼盛の和歌。神も身の隠れる場所が要る。世界の砂漠化は怖い。菅家道真の百人一首歌「このたびは幣もとりあへず手向山紅葉の錦神のまにまに」をもって、1792 以前に豊年雪丸詠んだ「ぬさに取りし紅葉もむさと散りにけり神の留主の跡の祭は」もう脱帽です。神を守るぞ。

枯葉・枯野の野菊をじっくりと見たから

すご／＼と枯野に残る菊のはな露けき秋は昔語りか
Barely hanging on in the desolate moor, a chrysanthemum,
its days of dewy bloom in Fall, an ancient tale told by a bum.

江大津の美徳丸の 1813 以前の上方狂歌「薬草もみな枯れ果てゝ武蔵野のはらの痛みの強き冬の日」の可笑しみもあるが、元禄の月洞軒の歌は偉い。野菊ほど枯葉が皆、茎にそのまますがる植物はないのが事実。風に吹かれた音までも敬愚の耳に残る。

寒夜の Q と A の狂歌

寒き夜ハいかなる歌もよみつべし
余りかゞめば人丸になる　宗也　1666
On a cold night, whose poems should a person read?
With arms & legs pulled in, Hitomaru is all you need!
↑の脚韻訳は良いが、人丸の意味を仄めかせば↓
On a cold night, what poems would be sound reading?
If you'd curl up to keep warm, keep Hitomaru around!

全狂歌中のトップテン中。人麻呂を人丸というのがもう千年前から始まるが、このユーモアは千年後も通じる。よく考えたら、人丸の歌よりも臍に茶を沸かす狂歌は沢山ある。人麻呂の調べは、冬より夏の川か池の船に浮きながら読むべき納涼に合うが。

門ならで夜半にたゝくは納豆のよくねているを起こすひゞきか
In the wee hours, a knocking sound comes but not from the gate,
would that mean the fermented beans are finally awake?

天明狂歌の浜辺黒人の首に敬愚は答えたい＝門ならも夜のうちにはくいなだよ、又ねて朝の果報を待つん！二、三十年後の上方狂歌に末丸の「べらりっと寝さして置いた其かわり起きよと叩く納豆の汁」も吸いたい。

炬燵に鮟鱇の道具を食う連中とは

鮟鱇の七つ道具を喰いながら雪を眺むる炬燵弁慶
While eating all seven of the Anglerfish tools, I know
a kotatsu-Benkei is what sits here viewing the snow

1813 の上方狂歌本に出た（東）男清澄の首の七つ道具は又七つ武器と掛けて、内弁慶。一見では、英訳もいいが、日本語知らない人に鮟鱇の内臓や炬燵弁慶の説明も要るでしょう。とは言え、具財は何故「道具」と称するか。英語の Anglerfish だと釣道具が語源となり得るが、鮟鱇の名で健康を安く保つ医者の道具。Monk-fish と frogfish とも見たが、前者は別な魚し、蛙よりも蟇の面だね。

踏み込んで跡のつかぬぞ面白き炬燵ながらの雪の明ぼの
No path is left, though you sink into it clear to your crotch, so
the kotatsu is where to go, when you wake up to find snow.

飯盛の「新撰百」にも「題林」にも再載なった天明狂歌の兄役の橘洲の首は妙に迷う意味も愉快。「炬燵癖」と卑下題に詠まれた 1783 以前の上方の貞湖の「浦島にあらで炬燵を玉手箱あけて嬉しき老の入物」も楽しいが。

雪見の芭蕉を羨ましがるか

たゝ独り雪見にころぶ所にて早く翁と言う人も無し
Out snow-viewing by myself, I got to where one falls down
but no one was there to see whether or not 'my lord' got up.

天明狂歌の老人の油のとうし練方の首が『若葉集』に出たが、「早く翁＝起きな」は、芭蕉の名作「いざさらば（いでむ・ゆかむ）雪見にころぶところまで」の最高の派生歌かもしれない。

降るからにあら見事やと尻餅をついてまぶせる粉雪成りけり
Seeing snow fall, "Splendid!" I say, falling on my mochi-butt
what makes it better is the powder-snow dusts it just such!

降るは古と掛ければ、翁だが、芭蕉の雪見転び名句の八年前になる 1679 年に出た政仍の朗らかな狂歌は、いかがでしょうか。

ひら／＼と散り飛ぶ内を世の人の蝶よ花よと愛づる初雪
While it flutters down & flits about, that is when, "Blossoms!"
"Butterflies!" – our words show how much we love first-snow!

1815 の江戸狂歌本に出た高喜の首は、実に勘違える事もあるから比喩ながら比喩ではない。見たことは、あります。

降る雪はちら／＼飛んで切捨し鰒の蝶にも止まる可笑しさ
Snowflakes flutter down to land on some globefish butterflies
a jerk cut off and tossed out: it's funny, but I'm not sure why.

真鶴の同狂歌本より。妙な歌ですが、鰒の最も毒の強い蝶型の内臓を食べる犬か猫は死ぬと思えば可笑しくない。

思わずも庭に飛び出し足跡の消ゆるまで降れと思ふ初雪

My footprints! Because, unthinkingly, I flew out to see
the first-snow, now, I do think, or pray, it will cover me!

二番目の「おもふ」の語義を昔は「念ふ」ともなる。跡を心配する繊細の心は、祝うべきかと思います。

雪こかし宣告

いざさらば円めし雪と身を成して
浮き世の中を転げありかん　赤良
Here goes nothing! Let me become a ball of snow and so,
rolling through our woeful world, with each turn I'll grow!

天明狂歌の聖となる四方赤良が二十二、三歳の『寝惚先生』に出た首。題林にある亀洞の「わんぱくを親も冷つく雪こかし大きう成ったら手に余ろうかと」も比喩になれるが坂にある町ならば、確かに危ない。子は怪我しなくとも人を殺す心配あるが、赤良は自ずから動いた。結局、政変無かったら日本文学すべてが赤良の雪こかしに加えたかという気がします。

雪嫌いも二首

よしあしを埋んで見せぬ白雪はさても冷たい不実もの哉
It covers up both the beautiful and the ugly – white snow;
what could be colder and falser than that I do not know!

Most people do not really love the snow, for it, too
may build-up and literally chill us until we turn blue!
大方は雪をも愛でじ是も又つもれば人の冷えと成るもの

双方とも紫笛和尚の 1778 の上方狂歌本に。お化粧が比喩か。歌が無心でなければ、雪を「悪い物」と誹った一茶似通う寒がり屋だ。

大雪の美しさをどう詠めば良いか

及びなき雪の気色や三千の宮女を残らず裸にするとも
Nothing could beat this dazzling spectacle of snow, not even
if we stripped three thousand Ming Dynasty palace maidens!

求めた絶大の比喩あった。1783 以前、後期上方の題林に再載された下記なる酒丸の「大雪」描写は、平家物語の合戦絵を思わせた、びっしり詰めている武士と馬ならぬ女体絵になる。題が「影」とは言え、百済王国の唐軍に負けた時「落花岩で絶壁から川に身を投げた三千宮女」の悲しい伝説に由来すると思えば、その恐ろしさにむしろ鳥肌になる。本来、雪女という恐いほど冷たい美人あり。雪の擬態と狐の擬声をかける元禄の走帆の「ふりつめば女に化けるもことわりや雪も狐も同じこん／＼」は、英訳しかねるが、上方の後期江戸の二首は何とかなる。

恐い、怖い、雪女とは

手折と云う花にも類う白肌は指切て行く様に冷たし雪女出づる
That white skin recalls blossom boughs broken-off to keep, I fear
she'll coldly lop-off her pinky on the way: Snow Woman is here.

雪女出づる計りに降る夜半は道に迷いの者も有るらん
When it snows enough after midnight we know she is out there,
Snow Woman means somebody has lost his way somewhere.

双方とも上方狂歌。左は 1815 以前の輪田丸詠み。日本語でなんとなく解るが、英訳せんとすれば意外に難しかった。いつかやり直す。右なる雪女の迷信の根拠を仮定する右の 1819 以前の、弓也のとても静かな狂歌には、むしろ説得力ある。意外の事に、現代俳句に雪女は流行っている。何千句もある。

身を先ず暖めて後に殺す河豚汁三首

揚貴姫の乳ゝは吸いたか其中にころり寝釈迦の北枕して　貞柳
Did thou sucking lay thy head b'twixt Princess Yoki's snowy breasts
content as Shaka sleeping pillow on the North and take thy rest?

女より命とりめと鰒汁の鍋の尻までたゝく雪の日　駄鹿
More fatale than the female sort yet this is "to die for" I say,
slapping the swellfish-soup stewpot's butt one snowy day.

別種の命取り女は、雪女と平行に現れた。上方狂歌の祖貞柳（1734 没）の優雅の鰒死の首だ。下は 1810 以前の上方の無名の駄鹿の風俗っぽい鍋の尻。いずれもポエムとして大成功。

雪の日、友人のもとよりふくと汁たべにこよ、とありければ

命こそ鵞毛に似たれ何のそのいざ鰒喰にゆきの振舞
If life is light as down, why do I find my heart all a-flutter
at going out this snowy day to eat a dish of puffer-fish?

雪の日、お金少しあったら皆も体を温める鰒汁を食いに行く。天明狂歌の優しい大柄の武士橘洲は死を惜しまないが、その主にとって大切な命で、武の鰒喰が禁止された。で、怖い招きになる。

薬食の楽しみと恐ろしさ

冬獣 戯れに言うと思えば恐ろしや冬は薬と喰らう川おそ
I thought to say something in play, but the reality was frightful;
come winter, men really do eat the otters we find so delightful.

1819 以前の江戸狂歌の桃亭の「と言うと思えば」の素直な心を読者と分かち合う歌体は好き。子供の頃、母と生まれ変りたい動物の会話も覚えている。遊び上手でイルカ、それとも川獺か。で、米国育ちながら悲しくなる薬食いです。

千年の鶴のよわいをはし鷹につめてめでたし今日の御狩場
Talons extend and the falcon pinches off a thousand years found
in a crane which is blessed today at ye Imperial Hunting Ground!

「鷹狩」と題する干則の 1820 以前の江戸狂歌は、川獺のと同様に、現代人を驚かしても、鶴が食われた事がよく知られたが、こう詠めば殺す意義は概念上には真剣？になる。

生きながら塩したように水鳥の翅も嘴も霜ぞふりける
The way frost coats even their wings and beaks – the water fowl
while alive look salted for roasting and make our bellies growl.

地を走る翼なりけり寒中のお見舞いに誰もかもの進物
These wings run o'er the ground so fast we're all in luck:
as a treat to bear the cold nothing beats duck but duck!

上階級の者ならば落雁を見れば即時落涎。とは言え、冬の水鳥は皆もそう。否や、家鴨は殊に好まれた。上の「霜」が題だった首は貞徳。右は、約二百年後の天明狂歌の大御所の橘洲が詠んだ。贈り物として全地を走る人気は、鰹を思わせる。

Dining apart from the wives and kids who sip soup is no grief
at all, to one who would eat such medicine, namely, beef!
吸う汁の妻子こどもに別火してうしと思わぬ薬喰かな
Though we may roast ours, us medicine-eaters do not beef
about having supper apart from the soup-slurping family.

冬の水鳥とは別に、冬の薬食を要約するような題林再載の後期江戸狂歌の潮松の歌を狂訳のハンバーガーで、牛は憂しにならぬ食べ方を詠むが、肉食は又「食べ物」の章に登場する。

海鼠の腸はこのわたですが

酩酊に啜る海鼠腸味よくて長くもがなと思いけるかな
Slurping down fermented sea cucumber guts I come to think
that flavor is one I'd savor for a long time with a good drink

海鼠は冬が旬、狂歌よりも俳諧に流行ったが、冬の終わり頃から出る海鼠腸（このわた）をよく詠んだ狂歌ある。上は天明名人赤良が蜀山人になって頃の狂歌は最高の珍味派だが、糞より悪味という人も少なくない。一見で素朴な詠みが、「このわた」に自分あり、味は「いける」とそれを贈って上げた人に伝える歌か。

形こそ世にも醜き生海鼠なれ腸ハよきものにさりける
In this, our world of appearence, the sea slug is ugly as sin;
yet they say it has delicious guts, it is "beautiful within!"

上方の天地根の 1818 以前の「このわたをたうべて」詠んだが、良き「とさりける」だと本人は意見を控えている。恐らくあまり好まなかったが、中々の外交官で上記の指摘になった。断って置くが、拙著 Rise, Ye Sea Slugs!にある海鼠腸句は全てが現代以降。古句は、無かった。で、狂歌が、海鼠腸の前衛だったよう。

氷のあつさと薄さと不思議さ

中々に火桶と云わん水桶に手をさしみれば厚氷哉
Sticking my hand in the tub, a brazzier it was & was not;
the ice on the water was atsu-thick, but it felt atsu-hot!

信安の相対的温度感か、似痛観＝寒測は 1679 年の大狂歌集に見つけた。脚韻踏みの説明的な英訳に自負。

顔の垢おとす朝けの手水鉢 水の皮むく薄氷かな
This morning, in order to wash off the crud on my face
I first had to clear away a thin ice skin on the basin.

この手水鉢歌は 1740 年の宗古堂河書の首は、題林の再載では河尽詠み。ちょっとした偶然の一致は狂歌になる好例。

さす月を入れたる箱の池水に氷の蓋をしてやおくらん
I'd put a lid of ice on the lake so Luna & her moonshine
are shut up, like in a box and send it to a girl of mine!
（日本語の歌句は渋くて内容は判らぬがどうだい？）
I'd put a lid of ice on the lake so our moon's cold light
is shut up, like in a box so we can go out tonight!

★最も美しい内容の氷がはる首は、この 1812 以前の折鶴の江戸狂歌だ。寒月が凄まじいが、これはシュールの可愛い。発想が 20 世紀半ばのジャズ曲よろしく。おくらん。「置くらん」か「送らん」か「贈らん」か。全三通りか。

龍宮をこれも覗きのカラクリか大きな眼鏡はりし氷ハ
So is even the Palace of the Dragon King just another automata,
viewed through a huge lense – I mean this iced-over water?

この旭皮の 1815 以前の上方狂歌は、そのままで楽しめるが、Water ワーターと発音すれば脚韻詩になる。氷はる狂句も多い。1663 年の『犬子集』にある正直の「池にはる氷は魚の目がね哉」は其角の名句「鼻に合わぬ目鏡や朧月」同様に傑作なるが、江戸時代の狂歌も狂句も眼鏡に目がない。

魂か目玉になる蕾か霰

珠数切った様に散らばる玉あられ寒念仏もやめて走りぬ
Like a broken string of prayer beads, hail flies helter-skelter
as the monks chanting mid-winter sutra flee for shelter!

失出典のへた成の「玉霰下手算盤に似たるかな音計りして積もり見えねば」は、経済への雹ならぬ評価のようですが、同失出典の上になる如石の数珠の比喩には余韻あるかと思う。

降って跳ぶ霰は魚の目の玉に似ても喰われぬ物と社しれ
Hail-stones that raining down bounce like fish eyeballs
are also similar for not being at all good to eat.

最も新奇で何回読んでもいい霰の歌例は、上記だ。素晴らしい狂号の歌鼠の 1815 以前の上方狂歌である。双方を食べてみた体験もある敬愚は、同感。

待つ春を冬に丸めて初雪の花の莟とあられたばしる

Rolled up to make blossom buds for the Spring's first snow,
let's hail the icy stones of winter bounding 'round us now.

ノンセンスで無ければ、麗文 1820 以前の上方狂歌は歳時記にお誂え向きの霰になる。

柱氷は冬眠の印か

眠りたる冬の山家は軒口に下がる氷柱も涎かとみん
My sleepy mountain hut seems a picture of hibernation,
even icicles dangling from the eaves look like slobber.

以文の 1819 以前の上方狂歌の涎は、春の解けている類に比し、育ち（？）続く冬眠の類だ。お隠居さんはしがちと思えば、なお更ふさわしい描写だ。江戸時代は、地方によるが母音の長短をそれほど厳しく無かったら「冬眠」を「と見ん」とかけ易い。

煤払・煤掃の爺さんと猫

豊なる代にすみながら煤掃の今日は身一つ置所無し
In this, the age of transparent affluence where all know grace
we have leisure time but now, on Dusting Day I've no place!

『古狂歌 滑稽の蒸すまで』にも紹介した蕪村の親友の也有（1783 没）の「寄煤掃祝」歌（1812 再載）は、可愛い。

紙袋あたまへ着せりや煤掃に跡ずさりしてふき回る猫
A paper bag pulled o'er pussy's head, backing from the room,
the poor cat hissed and dusted faster than any broom!

破睡軒辻丸の 1812 以前のやばい上方狂歌。ビデオ時代前にもあったぞ。狂歌を見れば、人もこの日、紙袋を鎧によく被ったが、猫にしておく。

尻だらけなる行年

くそ世話も世の習いとて行年の尻ぬぐいにとおくる白紙
At this time, when the whole world kisses ass, I send
toilet paper to serve what is left of the Year, its end!

又も 1815 以前の上方狂歌の歌鼠の傑作、否や尻作。その解読に自信はないが、歌鼠の首の八年前に同じ上方に出た素人も「肥やし取る得意へ米は渡しつゝ我が屋の餅をつく年の尻」もある。

来る春を高き賤しきおしなべて年の尻餅をついて喜ぶ
High & low pound out the sweet-rice butt of the old Year
cheerful to fall upon the same as Spring comes near.

年の尻餅を詠む鈍永の 1753 年以前の上方狂歌も陳腐ながら、良い良い。尻餅つくと多少異なるが、

春を待つ餅をつく／＼と思ふにも臼と杵とはとゝかゝの如
Pounding sweet-rice to prime the Spring pounds it into me
mortar & pestle do just like ma & pa . . . it has to be!

言うまでも無く凸凹に目が無い元禄の月洞軒の首だ。★安藤犬丸の 1784 以前の上方狂歌「河童のさらにひまなき仕舞事に人もすう／＼云ふ年の尻」の「すう」は、何か。尻子玉は新玉ではないてば。借金を拾う掛取りに「すうまない」と言う事か。★省巴の 1777 以前の上方狂歌「年の尻毛むしゃらくしゃらとはえ際の事繁るのは抜くもならずよ」…。「ご笑納ください」に、凄い師走の狂歌は、この数倍もある。

貧乏神まりけるように蹴ていなせ ありはどっこいよき年の暮れ
Just give Poverty a big kick in the arse, like you would a football
send that god off w/ a bang: the year may end well after all!

又も元禄の月洞軒。外人でも簡単に読める判りやすい大尻作。とは言え、やばい。バランスのため、女の読者に下記の其律の 1748 年以前の玉なる花の上方狂歌を贈ります。

椿も良い年の尻ぞ

まだ咲かぬ花の兄分さしおいて年の尻なるつばき不遠慮
With no deference to the elder brother of our flowering trees
Camellia blooms in bold red as the rear end of the year.

春一番を譲り年の尻に咲く椿は赤くとも潔白が唾もかけているか。

節分は鬼もくさやも妻も面白い

恐らく最も古臭い節分の歌は、医者のト養の文字通り臭い物を詠む。「鬼は外福は内へと打つ大豆の当りてひるかやらくさやふん」とか「～打つ豆の腹に当りてあらくさやふん」。英米では、芋ではなく豆が屁の弾薬にする（beans, beans, they're good for your heart / the more you eat the more you fart）と思えば、さすがにお医者さん。同時に、クサヤという半ば醸造化された魚も指す首もあるが、追求したければ「ご笑納ください」へどうぞ。今ここでは可愛い狂歌をもっと出したい。例えば、

年の数人ハ祝うて打豆を拾う鼠や幾つ喰うらん
One bean to fete each year of all who live in our house:
let's see how many we threw are eaten by the mouse!

上方らしい狂号の黍丸の題林再載の可愛い狂歌。その数で鼠の年でも伺うか。とは言え、年末は中年以上の人には、人生の短さをどうしても気になるから、この類もある。

鬼はうち福をば外へ出だすとも 年一つづゝ寄らせずもがな

Could it but keep one year from increasing mine, by my troth,
I'd welcome bad spirits and good luck is what I'd send off!

1620 年頃成立なる落語の父にもなる安楽庵策伝著の名笑話集『醒睡笑』にも、初期大集にも天明狂歌集にも再載多い桃山の雄長老の歌は、一休も弄んだ無常と釈教の章で見る年寄るを怖がる系譜の極端例になります。一方、やはり春も望むから、

節分の夜半にまきぬる煎豆も花咲く春の種とこそなれ　未得
May these parched beans thrown at midnight of the Great Divide
become the seeds for flowers to blossom bringing Spring alive!

この 1649 の狂歌は、先に見た花の蕾なる霰の首の本歌か。いずれも、下記の元禄の人の春の呼び水？の狂歌に比べて色は薄いが。

まく豆を祝ひ納めて其後にきこしめさるゝ夜のまめ哉
The beans thrown, then, let us not forget to finish this rite –
I'm partaking in some "mame" myself with the wife tonight!

遊び人の印象も与える月洞軒だから、妻との営みも豆になることは、一安心しました。英語では豆は女陰にならないが、right=rite（正しく＝儀式）の掛詞で狂訳も自負できる。因みに、後期江戸の失出典の首も、まさしく同じ豆を詠む「鳩の杖つく迄いろハ変わらじな互ひに年乃まめハ喰ふとも」。乱れ髪やサラダ記念日は良いけれど、狂歌の恋はいかがでしょうか。

門松の松ひき抜けば各山も笑わぬ先にゑくぼ見えけり
Where gate-pines were dug out of each hill, how funny to see
before Spring comes and mountains 'smile', just the dimples!

百年の 1818 以前の上方狂歌。吉原の花街に花を臨時的に植える為、鳥の巣が台無しにされた土に穴を残した山桜の跡を一茶が嘆いた。これは違う。びっしりと生えた木々も苦しい。環境の破壊に笑い顔を付ける誤魔化しよりも、門松は森林の為の間引きと観たい。

行年という者を哀れむ事が無用が、誰が哀れむか

今更になにか惜しまん神武より二千年来くれて行く年
What's to regret when from Emperor Jimmu's Reign the Year
has left us two thousand times yet still remains right here!

天明狂歌の聖の赤良＝蜀山人の達観を示す好例。とは言え、行年を本当に哀れむ者は、存在しなかろう。偽情緒に答える偽達観でしょう。にも拘らず、次のような年にも現実味あると思う。

鉄砲もそこのけ程に一年を大晦日まで打ちくらしけり
What a year that like a bullet from start to end shot by
so fast, all I could do was get out of its way lest I die!

題林再載もあった 1672 年以前の民部少輔喜隆ないし民部卿の初期狂歌。時代に適切な musket ball が長くて bullet になおしたが年が大きな物で cannon ball にすべきかも。そして、又前向きに

月と日は珠数くるがごと手前をも擦り切りたりし年のくれ哉
If months and days are prayer-beads on a string that, wearing breaks
to end the year, it makes sense, indeed, the next needs new beads.

この上方狂歌の貞富（1712 没）の哲学歌は、天明狂歌の「古今狂歌袋」に再載された。時の単位と結ぶ玉の天体＝珠数の順列の長さが異なる循環が重ねあう太陰暦の適切な日に、あたかも魂の緒の切れて散りゆくと、新年は文字通りの新玉になる。その「あらたま」の諸々語源説を改めて読みたくなります。

何もくれない年暮れの類

年の暮　年は只くれう／＼と云いながら
手に取るものは今日までも無し　実隆（1455～1537）
The Year leaves! The Year leaves! It is what we always say;
but what's it ever left us? – Not a thing as of today!

暮を呉れと掛ける年末の歌は多いが、狂趣を感じる最古の歌例は、1536 年の笑話＋狂歌の「再昌草」に入る室町和歌の実隆の首だ。

笑話集だから本当に実隆が詠んだかどうか知らないが、そこまで長生きする男だから詠んだはず。例の「くれう」が「くれよ」か「くれろ」か、その省略の「くろう」か、文法音痴の敬愚は困るが、どれも掛詞が通じる。「ご笑納ください」に、蛇足無用の年呉れの狂歌を何首も年順に見るが、その細かさを示す例に、初なる江戸狂歌の天才夢庵の 1786 年再載された「貰ふ事いやでござると言いながら取らねばならぬくれて行く年か」。老人が、年をさらに負いたくないことかと思われるが、その前詞ないし題こそ面白い。全然違う。それが、「乞食の童の姦しきを」。無論、それが誤魔化しとも受けられる事も狂歌の面白さの一つです。

取れば又取るほど損の行く年をくるゝくるゝと思ふ愚かさ
The more you get the less are left, and yet foolishly each year
we send them off, trusting a new one will bring us cheer!

この歌の繰り返す言葉がよく効く。狂歌本次第に管江、橘洲、又読人しらず、椿軒の詠む歌になる。申し訳ない傑作だ。呉るに送るも贈るも、掛詞が富むが、ここで十分です。狂句一本（それも一本勝ちの傑作）でこの系譜を終わあせてもらう。犬や猫を初めに、外の動物にも年玉を配った老一茶の文政句帖に見つけた＝「わんと言えさあ言え犬も年のくれ」。

いつ見てもさてお若いと口々に誉めそや去るゝ年ぞ悔しき
The usual praise, “Whenever we meet, you look so young,” only
makes me regret all the more how years pass on, like this one.

朱楽漢江・菅江の名歌です。人が「お若い」と褒められては自分が老人。死ぬ訳ない。菅江は癌か弱い心臓か糖尿病か何してしまった。さもなければ、と思えば悔しい。彼に比べて、妹の息子と勘違いされた本当に場か若い外見に恵まれている敬愚は貧乏ながら、幸運。しかし、この狂歌を考えれば考えるほど、判らなくなるところもある。去る年を一度とも惜しいと考えた事はない。

恋

無心にもこころ有る恋とは、和歌の大半にもなるが

大地も採り尽さめど世の中の尽し得ぬものは恋にしありけり
Though we scavage the whole earth to exhaustion
there will always be love enough to get lost in!

万葉歌#2442 の無名詠みの恋の具現歌は、恋歌しかない『古狂歌 物に寄する恋』の序に英訳三通りもあるが、和歌の半分も恋になるが、狂歌は又、その半分の半分くらいになる。万葉から恋に誇張と比喩歌が多い。『古狂歌 物に寄する恋』に丹念に論じるが、相手を誘いたければ、相手に好かれたければ有心臭い歌よりも、読む相手は面白いと思う可笑しい首、例えそれが無心と蔑視された狂歌みたいな事を詠むのが賢い。しかも、恋が「孤悲」とも書かれたが、たしかに恋すれば憂きになる場合が多いから、自分の気分が更に落ちないように、狂歌と変わらない恨み歌なども、人に送るよりも詠む人の気の薬になったはずです。その傑作は、

海人の住む里のしるべにあらなくに
うらみむとのみ人の云ふらむ　小野小町　古今集
I am no guide to fishing towns so, tell me, why such rancor
from men who wonder why I do not show them my shore!

案内者なる古語「しるべ」を除けば、誰でもいと簡単に読めるを、この古今集歌は著名にならなかった事が変だ。怨まれてを恨むというのが微笑ましくないか。エリザベス女王同様に、小野小町は生れつきの穴無しだったら、恨まれてはどんなに辛かったかと思えば…。しかし恨み歌の最も凄い歌例は『古今六帖古今六帖』という遊び心の豊なる歌集（970-84 成立）の#2194-2233 の他人不信

の四十首になる。紀友則は失恋に苦しまれたところ、貫之と在原ときはると凡河内みつねと共に、つまり四人で「人の心をいかが頼まん」の七七の後句一つに十通りの五七五の前句が異なる四十歌。とても有り得ない現象の物は尽しだが、三十首は「物に寄する恋」で英訳と一緒に人毎に並ぶ。

burning passion should be shared
湧き出づる泪の玉を手にとりりて
恨めしき顔に打ち付けてまし　真名井
I'm catching the tear-drops that boil up from my eyes hot
to fling into the spiteful face of s/he who loves me not!

1819 の江戸狂歌本の「寄玉恋」の首。読み繰り返すごとに益々好きになった。可笑しい誇張ながら、惨めは惨め。

徒然と空ぞ見らるゝ思ふ人あまくだり来むものならなくに
With a man on my mind, my idle eyes turn up toward the sky,
not that he will drop down from heaven or knows how to fly!

詠む人の名を言い当ててみる間に、読者諸君の目も上を向くか。心理上の観測は抜群の自嘲を詠んだ人は、**1030** 没なる和泉式部です。人麻呂歌「わぎも子が夜戸出の姿みてしより心空なり土は踏めど」という「心空なり」を弄んだ可能性もあるが、彼女の首も有頂天の人麻呂も狂歌同然の詠みだという事だけは明白。

身は恋に縛られてゐる放し亀 はなしもならぬ中ぞ悔しき
Love has trussed me up to hang like a turtle caught to be freed;
thoughts move vainly like his feet, could we but talk I'd plead!

天明狂歌の賢人の宿屋飯盛の狂歌読書『新撰百』に再載された鳴機亭糸好の恋に苦しめられた表現は、いかにも洗練されている。動物を開放する放生日の連想は行間に潜む。英訳の脚韻は「放し

＝話し」の掛詞の代わりには不十分。読めば、恋の奴との戦う万葉の天皇まで遡るが、古今の「枕より跡より恋のせめ来ればせむ方な身ぞ床中にをる」も、その延長線にある。

我が恋ハという物は尽くし

我が恋は海の月をぞまち渡るくらげの骨に遇う夜ありやと
Love means trusting there will be a night, if I wait my chance,
when I come across the bones of a jellyfish: that is romance.
（海月の月もチャンスのつきも掛けない英訳無用ながら）
Love for me means month after month waiting, as I wish
one night, to come across . . . the bones of a jellyfish.

もう少し進めば「我が恋は～」という物は尽しの類に辿り着く。1310 年の「夫木和歌抄」にある源仲正（1137 以降没）家集恋歌中。読者諸君、これは明白に狂歌ではないか？さて五百年後、

我が恋の刺身に成らねど辛し酢の目鼻通りて涙こぼるゝ
My koi may not be sashimi, but it sure does smart like su,
passing through my eyes and nose falling just as tears do.

「恋」の別冊には「我が恋」は何十首もあるが、寿司通が多くて、お酢が vinegar だと解るおかげで、いい脚韻の風味もできた。しかし、love のコイが carp と判る外国人は少ないから、蛇足をご自分で足す必要ある狂訳だ。そして「我が」もない「恋」、

ひさかりに思ひくたぶれ寝入る間は誠に恋の昼休み也
The summer heat has knocked me out but maybe saved me, too;
that nap was my first respite from longing day and night for you!

上は 1760 年の上方の好人物の木端の狂歌としてやや渋いが、四季の恋の現実を見事に捉えた。

涙を感謝するのも狂歌と同じ理屈

君こふる涙しなくば唐衣むねのあたりは色燃えなまし
But for the tears I shed for you, the silk above my breast,
would burst into flame as red as a red Chinese dress!

「物に寄する恋」のかなりの部分は、火と水の諸々比喩を追求する。上記、紀貫之の古今集＃572 は見事に双方を結ぶ。涙が思ひ＝火を防ぐか消すか明白はしないが、代詠だ。二、三百年後、本当の女が別な理由で役になる恋の涙を詠む。

つれもなき人ぞ情も知らせける濡れずは袖に月を見ましや
A heartless bloke has done me good by making my heart aware;
were my sleeves not soaked, would I now see the moon there?

建礼門院右京大夫 Lady Daibu（1157-1232?）の歌を第三者でも楽しめる傑作だ。はい。英語の aware（意識する）は、日本語の「憐れ」も仄めかす。濡れた袖に月が宿る歌が古くからあったが、だから仇人に感謝すべき発想は新奇。彼女に負けない情緒派の西行上人（1190 没）は、同じ陳腐に対して、こう詠んだ。

打ち絶えで嘆く涙に我が袖の朽ちなばなに月を宿さむ
Should these tears shed from trouble that I just cannot vanquish
rot my sleeves, then, how may I put up the moon as I'd wish to?

これは恋と限らないが、朽ちるまで泣いたら、そうだろう。月は宿らないと仏教的な意味もあると思えば、右京大夫より深い歌にはなるが、彼女の歌の方が素直で上人に勝つ。

思ひ＝火こがれる恋の代者になる蛍

物思えば沢の蛍も我が身よりあくがれ出づる魂かとぞ見る
Longing for him, even fireflies on the moor seemed to be
sparks of burning passion, embers of my soul . . . of me!

和泉式部の名歌。ここに古今集以降の「思ひ」の「火」は語に出る代わりに（憧れの「く」だった頃は「くがれ」に「焦がれ」た上に？）蛍として具現。一方、明白の思ひ⇒「火」の二首を見よ

ゆく水のあわれ消えせぬ思ひゆゑ夜は乱れて飛ぶ蛍かな
Water may flow under the bridge but love burns on & I've no doubt
that when my thoughts swarm most at night the fireflies come out!

＋寄熱恋　なにせむに袖の蛍を包むらむ
更では燃えぬ我が思ひかは　宗良親王 1371 以前
What could I, already burning with love, do with more fire?
Spare the fireflies, lest my sleeves become my funeral pyre!

いずれも、宗良親王（1311-85）の御製歌。これを読むと双方についても言いたくなる事は、恋だと、和歌はこんなに狂歌だ。

物思へば川の花火も我身よりぽんと出たる玉やとぞ見る
When longing, even the river fireworks seem to come straight
from me, my body, as if my soul explodes "pon to," it's great!

天明狂歌の唐衣橘洲の画像からして、想像しかねるロマンチックな歌だ。そこまで恋に熱心だった男の顔はしなかった。

火山と恋の初例か

中々に何か知り兼む我山に燃ゆる煙の外に見ましを
See the volcano blow its top! I wish it were not me.
And had we never met my dear, it wouldn't be.

安部女郎の万葉歌#3033 には、恋に燃える概念は明白にあった。別な女性は焼き野を見たら、自分の心も焼いてくれなかった嘆きも概念の存在を間接的に肯定するが、「思ひ」の「ひ」だけはまだでした。古今歌#534 無名詠の「人知れぬ思ひをつねにするがなる不尽の山こそ我が身なりけれ」では「思ひ」は、やっと「ひ＝火」になる。駿河と富士の掛詞もまさしく狂歌にもなるが、ずっと後の西行の「風になびく富士の煙の空に消えてゆくへも知らぬ我が思ひかな」は一方進み、「おもひ」の火を、煙の原因で歌のオチに効く空前絶後の優雅の詠みだ。Mad In Translation や『物に寄する恋』の数多英訳をここで遠慮。上記は、軽いが力強い脚韻をふむふむ蹴っ飛ばす女流毒舌の名家 Dorthy Parker 風の狂訳。

大尻好きは男色なった変な国

海で水あぶる若衆の塩尻を見るに思ひは富士の山ほど
Young crowd bathing in the sea, their salt-white butts do shine,
as molten desire grows within, Mt Fuji's is dwarfed by mine!

玄康の男色の思ひ＝火が水と塩＝白色と富士と量という古典的な恋の諸系譜を結ぶ。初期狂歌最初の多人大狂歌集（古今夷曲集 1666）の最もエロい歌でしょう。

若衆もたゞ我が尻の如くにて見むとすれども見られざりけり
Wakashu – I thought to check 'em out, but like my own butt
I tried but failed to get a good picture of what was what.

同じ大集にある貞徳（1653 没）の文字通り「不見恋」。己が尻を見んとするように衆道をよそながら理解せんとしても難しいとか。初期狂歌の若衆が自由自在に詠まれたが、江戸後期だと男色が制限、見下された（？）単調になりがち。

同じ色によねと若衆の裏表ひっ返しにも恋衣かな
There is but one eros, or color, be it of women or called gay,
the robes we turn inside out for love the same fabric stay.

上記紫笛の 1754 以前の上方狂歌の相対主義宣伝か男色の弁護は有難いが、結局、男色＝尻という陳腐しかのこらなかったかも。

脇目からわかぬ若衆の口舌事あちら向いたが中直りかも
From without, who can make out what gay-boys quarreling say,
but it seems when they make up is when just one turns away.

宿丸の 1815 以前の川柳っぽい上方狂歌は観測よりも、夫婦喧嘩の背中をみせる裏返しに尻好きには、それが仲直りであろうと。この身振りは人間行動学上の発見ではなく、屁理屈のギャグ。

珍しい大尻女フェッチ

よし尻にしかれるとても鶏のしめて寝て食べ此命とり
Chicken-neck-wringing girl, you, with your rapacious nates;
I'd prefer death beneath them to life in any other place!

鳥の首ねぢけし君や胴欲な尻に敷かれて死なん思ひぞ
A chicken-neck-wringing ass is rare in the Japanese race –
hen-peck me? Hell, girl, you can even sit on my face!

上の 1819 の曲肱百年の鄙ぶり詠みの首の題が「寄る鳥恋」。下も上方で、1820 の河童が詠み。昔の日本の大尻の画は、もっぱら男のものが、双方とも北斎と敬愚同様に女性の大尻好き。ばれ歌ではないが、後者は確かに野暮で繊細の読者おられば、失礼いたしました。そいう日本も存在した証拠としてご笑納ください。

女の洗濯するを見て Watching a woman doing laundry

雪の肌えそゝぐ喩のみづからも浅くは思ひ参らせず候
As proverbial water pours by nature down her snow-white skin,
How can my thoughts stay shallow when I would dive right in!

落首も多い 1685 年成立の「長崎一見」の日記より。歌体が微妙ではないが、自＝水からの掛詞は良い。水は己から下だる比喩だと、性欲も重力か、儒教にでも自然に従う。

枕という舟

海となる涙の床は舟型の枕を頼む夢の通ひ路　真顔
Give me a new boat-shaped pillow on which to lay my head
so we may meet in our dreams on this sea of tears, my bed!

1815 以前。題は「憑夢恋」だったが、夢を後に考えて、『古狂歌寄する恋』にこれを「寄枕恋」とした。涙の海に川もあるが、1679 以前に

もし舩に恋の重荷も積むならば泪川をや漕ぎ廻るべき
If my so-called “love’s burden” could only be put on a boat,
I should try sculling about Tear River, this might just float!

とは初期狂歌大集に出た方碩の首。「〜べき」調も好きが、馬鹿げたというべきか、シュールというべきか。これにも、真顔の船枕は役立つかも。とは言え、更に約七百年前に遡れば、

一人寝の床にたまれる涙には石の枕も浮きぬべらなり
The teary flood filling the bed of one who sleeps alone
can levitate a pillow though it be made of stone.

はい、枕は石であっても浮き得る。岩舟で空を飛んんで着たご先祖の神業に比べて、大した芸ではないが。その「寄枕恋」の歌は、985 年頃の『古今和歌六帖』に出てくる無名詠だ。

もの思ふ涙ややがて三瀬河人を沈むる淵となるらむ
Tears shed for love pool, and by and by leave us in a fix,
heads underwater, drowning, we cross the River Styx.

しかし浮く事は可能ならば、沈むもできる。涙川の滑稽傑作と言えば、西行上人の上記の歌。三瀬河を古代欧州の死出路に渡る Styx 川に訳してもいいか自信ないが、脚韻を踏めば怖くない。

夢を弄ぶ万葉人

夢にだに見えばこそあらめ
かくばかり見えずしあるは恋ひて死ねとか
If I could but see you in a dream, but, no! So tell me why:
are you trying to say that for love of you I should die?

家持の坂上大嬢へ送った万葉歌#749 の 13＋19 音字歌こそ古代和風夢の知識の試石になる。日本に二つの夢観が何世紀も並行に続いた。相手を思えば夢みるか、相手が自分を思えば夢に出る。前者は体験で確認されがち。後者は家持のような教養ある人には恐らく迷信と思われたが、それこそ相手を擽るか、恋中に許される軽い苛めの為に一応弄んだ。要するに狂歌に通じる屁理屈責めだ。

重い思い

おもいとハただ大石の如くにて
捨てんとすれど力及ばず　貞徳
My love for her is not ‘koi’ but ‘omoi’ and heavy as a boulder
I would toss-out had I but the strength to do so (I am older)!

貞徳なくては、狂歌は天才の言葉遊び屋の物に終わったかもしれない。資料と案を行風に渡し、死後に彼が大勢が詠んだ狂歌三大集を編集し出した。二人に我々の恩も重い。上の重＝思いの系譜だが、明白なる初歌例は 1532-3 年頃の『玉吟抄』の山蒼斎の「恋しさを力車に乗せかねて 物オモヒとや人の言うらん」。ノンセンスとしていいが、貞徳の素直の自白の比べにはならない。貞徳への偏見がなかったら、恋の見立て trope の名歌になった。絶対。同質の歌は、1643 年の長嘯子著『四生の歌合』の「かな物かぢか」の歌「言の葉も変わらぬ川の底にゐて恋しき事のいわほとぞ成る」（蛇足：河鹿は枯れ葉と似る魚）でしかない。「思ひ＝重い」こそ無いが、若し貞徳は「恋し＝小石」の掛詞を読み、大石になるまで思いついたら、本歌になる可能性もある。或いは逆（誰が先か定かではない）。断っておくが、魚の生態学も知る長嘯子も偉い。祝いの別冊の細石が巌に成る系譜にも入るから、ご参考に。

思ひ切りて切られぬ仲に切りたきハ添寝の邪魔となれる片腕
We, who just cannot part though once we tried, would now part
with the arms that come between us when we lay side by side.

恋別冊の枕部中になるが、手枕の場合、横に成る自分の身も下になる腕に重いし、その上になる恋人の身も重い。結局、痺れを嘆く歌やその対策を綴る可笑しな歌が多い。上記、後期江戸狂歌の耳在の対策は、最も狂歌らしいが、残念ながら、切断しても駄目。故父は十四歳より片腕だったが、痺れに苦労した。

釣り針というヤバイ比喩とヤバイ提案

是や恋の釣針と云う物ならん
お目にかゝればなお思ひます　太女　1679
So this is “love’s fishing hook!” – you catch my eye
with just one look and now I am your trout to fry.

釣り針が目にかかるほど痛ましい事故はなかろう。そして、その痛みがずっと続くと思いたくもないやばい（けれど大変うまい）比喩だ。「ご笑納ください」で、様々の読み方と他の歌との関係を探検するに一ペイジ一杯もかかりました。

恨恋　頼めおく他力にだにも叶わずハ
南無阿弥だぶりと身をや投げなん　入庵 1610 又 1666
If supernatural powers fail to make love come true, just like that
throw yourself off something high – it's "Namu-Amida-Bu-splat!"

「南無阿弥だぶり」は許すべきかどうか知らないが、中学生の悪っ子にでも見せたら、にゃっと笑い出し国文学を勉強するようになりそう。ブラック・ユーモア傑作の多くは詠む人しらぬ場合が多けれど、これは坊さんが名乗った。或いは、ともかくその歌集にありました。読むと「だから神と仏を信じない方がいい」と思うから、わざとその嫌味を起こす禅派の方かも。

掴みにくい鰻や海鼠など

化生とハなれをぞ言わん山のいも
鰻になった否やつめなり　宗仙 T37　1679
A changeling, yes, that's what I'd call you, mountain yam=lass!
To see if you turned into an eel or not, I must pinch your ass.

山の芋が鰻に変身する迷信は江戸時代早々からよく詠まれたが、全貌を知りたければ「ご笑納ください」を参考にして下さい。ともかく上記の初期狂歌集の全く無名なる傑作は、四方赤良の下記の著名歌よりも好きです。

あな鰻いづくの山のいもとせを
裂かれてのちに身を焦がすとは 赤良

Poor country girl and backwoods boy split after the fashion
for eels, still roast on the coals of their very own passion?
〜〜〜〜〜〜〜〜〜〜〜〜〜〜〜〜〜〜〜〜〜〜〜〜〜〜〜
Poor eel, once a yam, up what mountain no one knows,
split down your back then roasted on a spit – so it goes!

確かに、この天才しか読めない並行に続く掛詞の真二つ通りの筋は面白い。最初の一語「あな」の両義から、余韻を残す「とは」までも、傑作です。我が新案なる paraversing ないし composite translation（一句か一首を複数の意訳の一つ結晶ないし作品に仕上げる）以外には、翻訳は無理が、上に二面も不足。けれども、裂かれても、つまり別れてもまだ焦がれる関係よりも、摘めて見んという朗らかな初期狂歌の精神は素晴らしい。

哀れなり鯉にて世をば尽くせとや身はよど川の底に棲まねど
How sad to spend all my life on earth in love [as a koi!];
not that I actually live on the bottom of the Yodo River!

魚へんの恋と言えば、鯉。狂歌と変わらない上の源俊頼（1055-1129）の和歌は、有名でないと変だ。この「寄鯉恋」歌では、鯉と川の関係も鯉と人の心の状況と重なる。

玉の緒をこのわたにして生海鼠にぞなるべかりける妹がすく物
I would become a sea cucumber, with my heartstring as its gut
that my love would suku (a pun, where love means suck-up)!

後期江戸最大の狂歌師真顔の「寄海鼠腸恋」の歌の「わたにして」の中で「私」あるし、「すく」には好く以外にも水の中から海鼠を拾う方法の一つに水っぽい物を食う（すう）、つまり飲み込む事にもなる。赤良の鰻の平行の筋ほど複雑でなくとも、上の英訳一本で無理です。当時は判らないが、二十世紀だと女性が生海鼠を強く掴み、その肛門から内臓をバッケツへ飛ばす。精子のようにぴゅーとって感じですね。それが、近世英国のエロ文学では男の「液体化された魂」にも似るが。

ああ、二人が蛸なる我が新案が古狂歌の古案か！

枕たこ出来るもむべよ妹と我からむ手足のちょど八本
We've bed callouses like octopus suckers, me & my mate
and the limbs we inter-twine, come up to exactly eight!

江戸は「寄魚」の恋歌に強かったが、後期江戸狂歌の里繁の首は殊に御めでたい。狂歌に無知だった約二十年前に、百コマ以下のパラパラ絵本ないし超短動画ループの案に、抱き合う恋人を蛸に化かせた。Valentine's Day の為に売れるかと。恋猫のつるみも又 octopussy にしましたが、不思議ではないか。わが想像する何にもかも古き Japon（ハッポン）の狂歌に出てきます。

涙の最大の変身

棒ほどな涙ながして今ハはや恋の重荷を担うばかりぞ
Tears flowing from my eyes made poles thick enough to bear
a sedan in which to carry my love's burden of despair!

月洞軒の 2257 首の「大団」に、涙の担い棒を見つけた時、笑ふ余りに我も泣いた。これは著名歌にならなかった事は、国文学のはの字ぞ。寄棒と寄重荷の系譜は、恋の別冊は詳しいが、上の首の直前になる 1679 年の行風選の大狂歌集には、月洞軒に印象を残したはずの恋の重荷の担う棒の傑作ある。春澄詠み「捨られぬ衆道女道を担いなば 恋の重荷に棒や折れなん」だ。両色の月洞軒の場合、涙が作る二棒こそ賢い。古典和歌にも涙川と海は数多あるが、その寸法は凄いも液体が棒になる方が大変だ。

全く不二なる片思いの過程の比喩

我が恋うる妹が心はふじのねが登り登れど先にきの無き
As for the heart of my darling whom I love, like Fuji's peak
I'm afraid the higher we climb the weaker her Qi for me.

1821 以前の天地根の上方狂歌。題がごく普通なる「片思」が、涙の棒に負けない新奇の比喩でしょう。「気」も無ければ、絶望でさよならが、掛けるのが空気の気か木のそれか。自分より富士登る文学に詳しい人のご意見を乞う気は、敬愚に有ります。

恋風邪に腎虚に中風

君と我が心のうちハ流行風邪引いて枕を並べてや寝ん
We've caught the same love-bug and heartburn feels like hell
so why not sleep together if going to bed can make us well?

占正の後期江戸の狂歌です。似通う発想は、真顔の「引きそめし我が恋風邪は妹と寝て汗をかゝずハ抜けじとぞ思ふ」もある。睡眠と熱。双方とも風邪に効くという。

恋に人腎虚するこそ道理なれ見初めしにだに腰が抜くれば
Of course, desire gives men dry-kidney, so we lie down beat –
does love at first sight not always knock us off our feet?

貞徳詠んだこの歌は史初の多人大狂歌集の恋巻の第二歌に選ばれた。精を費やし過ぎると、あれが立ちっぱなしも人は横になり起きなくなる、笑うべき重病。二百年後の川柳は腎虚を頻繁に取り上げたが、この心理上の一致の指摘ほど微笑ましい句は少ない。蕉門の基準でしか文学を判断しなくなった学者は、この首の良さも判るセンスも身につけたらいいと思う。

今はたゞ心もほれつ身も萎えつ中風に似たり恋の病ハ
All I know now is that my heart is bursting as my body wilts:
it resembles something called palsy, my lovesickness does.

狂歌大集を作る企画を貞徳から引き取り、実践に大成功をした行風の歌ですね。素直でよい。凡作ながら誰でも合点できるから、再載も多い。狂歌をよく読む人に言えば、名歌だ。

後朝は復活際か

死にますと言ふて夜すがら抱てねて
今朝の別れは黄泉路帰りか　月洞軒　元禄
A night spent in embrace "dying, dying!" dawn is, instead
of a parting, a return from the Yellow Springs, Land of the Dead!

仏語で其時は petit mort「小さな死」となるが、日本語に等しい動詞「死ぬ」善がりの有無を知らないが、少し後になる雑俳に、母親の声を聞く子が「お母さん、死なないで！」云々という句もある。英語にない慣用で、狂訳の dying, dying は Japanglish だ。

逢瀬より面白い後朝か

後朝を怨むやつらに喰われたる玉子のかたきが詠ううたふ鶏
Roosters call out to the world that they justly take their revenge
against lovers at dawn begrudged for eating eggs and hens.

きぬ／＼の別れを告ぐる鶏を玉子のうちに喰わぬ悔しさ
Regret is not eating the red rooster when said little fart
was still an egg yet to crow that it is high time to part!

故丸の 1812 の上方狂歌と、文字の 1815 の江戸狂歌を対に読めば、楽しい。何かが公平かを理屈で弄ぶ報い歌はだいたいそうです。

一番目の歌の and hens は、理屈よりも脚韻の為になるが。英訳しかねる小浦浪の温かい玉の詠み「寝し床のぬくみも冷めぬ鶏の子のかえるや否や送る玉章 1815 年」もご紹介せねば。

移り香を今朝は鼻にて楽しまん風や引きしと人の問うまで
Her scent I kept enjoying with my nose the morning long
if truth be told, people keep asking if I've caught a cold!

この天地根の 1822 以前の百人一首（#40）を擽る上方狂歌は、後朝跡の蛇足無用なるが、寄形見恋と思えば類の最好の首だ。

きぬ／＼の別れを知らぬ里もがな夜明けぬ国のありと思えば
Ah, to live where lovers never have to part after one night!
There really are countries where it never dawns . . . right?

1788 つまり天明狂歌の末期の唐紙砂子の前詞に「八重垣結」とある。北極の辺りへ行けば、夜明のない国もあるという知識は、どこから学んだかと思えば、面白い。蘭学らんらんですね！

大人か夫婦の恋はこれ

よしや又うちは野となれ山ざくら
散らずはねにも帰らざらなん　節松嫁々
After the Deluge, cherry petals meet their roots: you too may
sow your wild oats but Dear, do come home to sleep it away!

美人知恵内子と肩並ぶ天明時代の名女流狂歌師の名歌だ。名狂歌師の夫の朱楽菅江の「暫くも夜床に尻をすえざるは我が妻ならぬイナ妻ぞかし」の「妻」は、狂歌連で遊びにお忙しい節松嫁々ではなく、部屋から部屋を通うお客数人を同時に取る切れ店の傾城の描写だろう。妻の歌を読めば、これも覚える。確かに赤良とその狂歌が流行った頃、遊郭に狂歌詠む人が主になった店は、文学のサロンにもなった（はい、パリーと同じ）が、嫁々の勘が当たった。菅江は、睡眠をちゃんと取ったら、重病に成らず命を延ばしたかも知れない。嫁々の私集（知恵内子の私集も！）ありますか。十代を卒業しなかった男達の恋に比べて「大人」の恋も、もっと読みたい。別冊「色を好むさし男」も、大まらながら、大人ではなかった。死ぬまで少年だった。

辻君から遊郭までも売笑

そり落しかしら虱は無きとても臍より下ハいかにお比丘尼
Though your head was shaved of lice, I shake, bikuni nun,
for down below your navel . . . I bet you have a ton!

又も桃山の雄長老。清濁を見せない古き綴り方に頼る「多ひ⇒びくに」だけか、毛虱が移るのをびくびくするも掛けているか判らないが、どういうわけか愉快地口だ。比丘尼という本来のコスプレ笑婦は、旅人の傍に歩いて美しい唄で誘い落としたようです。初期狂歌には、遊女こそないが、踊り子、飯盛り、湯女などは、お金持った狂歌を詠む男には…。元禄の月洞軒が友人の自剃に送った狂歌「年久しき望ありまの山／＼ぞ 入た入れたき湯女の湯つぼゞ」でお判りになるかと思う。健康を守るために訪ねたはずの有馬温泉も、ね。もともと、1687 年の狂歌「よねに逢うて俵ころびでぬれ初めた三浦三崎の海鼠ならねど」を伺えば、彼は、わざわざ有馬へ行かずとも辻君という古今東西のご馳走も遠慮しなかった事が判る。蛇足：よね（あまっこ）＝米。米が三浦の名物干し海鼠の俵物の俵の縁語。

東寺なる瓜実顔の君ならば指はさら也 腕も切らばや
Melon-seed face of Temple East, w/ solstice here what begs?
Forget the fingers, in your case, I'd lop off my arms and legs!

ふざけたやりとりの中で「小指切るは」と言われたら、狂歌ならではの理屈攻めで答えたでしょうが、題が「寄瓜恋」。大阪の百子編の 1740 成立の本で、彼か雪縁斎一好が詠んだ。「君」は、京都の教王護国寺の称が瓜の冬至南瓜はふざけた枕になると寺構内に出会った傾城（笑婦）か。他にも瓜に顔を画く祭りあったか。ともかく、指切りだと天明狂歌以下の遊女へ近づいてくる。古狂歌の恋別冊に、吉原の章もあるが、義理のために作った。春画を見る以外には、吉原に対して関心はない。

日本は岩戸神楽の昔より女ならでは夜の明けぬ国
Japan: from ancient times when the Sun entered that cave
we'd still be living in the night without women to save us.
（上記の英訳はごく丁寧のスタイル、下記はやばい狂訳）
In Japan from Ancient Time when Sun behind said cave door hid
the only way night turns into day . . . is with the help of a whore.

とは言え、よすがら商売しても良い遊郭地の存在理由ないし弁護は面白い。後期江戸の新吉原に開業した遊女屋をめぐる六朶園二葉の狂歌は、なるほど。神楽か。その語は英訳しかねた。

イギリスもフランスも皆 里なまり
度々来るはいやでありんす　筒井鑾渓 1778-1859
Both have accents they would share, the Igirisu and Furansu;
what nerve they have to call on us speaking so de arinsu!

しかし、恋にあるも恋じゃない遊郭になると、この方の丹念の観測と録音のような詳細に対しては、関心あります。

物に寄する恋の可能性

まだ数えていないが『古狂歌 物に寄する恋』に何十か何百動植物に寄せた恋歌はある。ここに寄蚯蚓恋を二首と寄柳恋一首。

書き送る文の返事のみゝづにて恋に目鼻の付かぬ悲しさ
How sad the reply to my confession came back in letters
like worms with no features to help me know her better.

書き送る文は蚯蚓引と言わば言え君をつるべき便りとやせん
Call my writing worm-line script or whatever you may wish,
I still trust this letter will catch you like one might a fish!

後期江戸の両足音の首の目鼻なさは、俳諧の海鼠から借りた特徴ない特徴だが、下なる同本に蚯蚓ながら君を釣るに良いという不知の首は、全く新奇の発想です。狂歌の理屈ならではの悪筆弁護。鼈と月。或いは凡作と傑作。けれど物に寄せてみる恋の歌は、こうして同じ寄せ物の首比べて読む方が面白い。

道野べの草つむ美女の柳腰しばし見とれて立ち停まり梟
Enthralled by the willow hips of a beauty out picking herbs,
I stood transfixed mid-field like a tree rooting from a stick.

1754 年以前の上方の紫笛の柳は、芭蕉のおかげで著名になった西行の「道の辺に清水流るる柳陰しばしとてこそ立ちどまりつれ」ながら早乙女の田植えか何かを見たが、そのもじりながら、恋の対象が柳腰が詠む人の行為の縁語になる歌体は大変よく拵えている。和歌を掠りながら、決してそれより低い「二次的」な文学ではありません。恋の歌を見てもお判りになると思う。因みに、大学に雇われたら、他の先生と学生と狂歌と和歌を問わず、その進化と多様化と関係を見せる一つ比喩の巣か大木をウェブで作りたい。ご縁あれば。（※　ここに後に歌例くらい追加したいが、自分で択びたくない。『物に寄する恋』を拝見、読者諸君の「これも是非、より広く紹介すべき」という、ご意見を聞きたい。何百題のどれかが誰に面白くなるか判らないで…。）

雑

旅・羇旅

獏もさぞ喰い厭きやせん旅枕夜毎に同じふるさとの夢
The monotonous fare has even my baku fed up w/ his keeper;
every night, the same dreams of home fill this traveler's sleep.

喜丸の1820以前の首。獏は悪夢を喰う。古里の夢がそうでなかろう。人が朝よく覚えていない夢すべてを漠が食ったせいにした地方もあったか。目覚めても恋人の面影みたいに中々消えない、lovesickならぬhomesickの心に獏が喰飽きた訳か。

思う子に旅をさせよと云う事ハ我が死出知らぬ親の詞か
That old proverb about making your darling child take a long trip?
Parents who know not they'll walk to Hades soon enough say it.

古今東西問わず、当の諺を直面から反論する人は、travelの同源語travail は「苦労」でその義を遡れば獄門用の三棘先道具だと知らまかった初期狂歌の仕掛け人で俳諧の巨人の貞徳だった。

世の中よ駕籠をかく身もかゝるゝも肩の痛き尻の痛き
The world is such that whether we travel in a basket sedan
or carry one, our shoulders or our butts will end-up aching.

1809年の江戸狂歌本に出た山田可々志の首も旅の金言みたい。

写真機以前、観光と詣でのシュール

うわばみも出ばやと思う旅の山
どこまで行ても道に呑まるゝ汐風　1812　e7-1

I wonder if it is not really a python, this mountain road;
the further I walk, the more I feel I'm being swallowed.

英国随筆家のチェスタートンの脚韻詩にし上げた「泥酔が造った」派手にくねるイギリスの田舎道に、夏に雨が多い日本の左右から責める怖い草を加えると、こうなる。

入船は上を下へと帆柱を楊枝に使ふ江戸の川口　もとの木網
As masts on boats coming in are lowered, they bob and quiver
looking like toothpicks working the mouth of Edo River!

1787 以前の天明狂歌。川口が河港（かこう）を暗示、それが水夫（かこ）に掛けると、ネットで見つけた蛇足も面白い。帆柱を楊枝に使う水夫は、十九世紀米国の竜巻を馬の如くに乗る等の自慢話 tall tales みたい。残念ながら、日本にない類だ。本当は、これは写真機、否やビデオ顔まけの優れた記録ですね。

有馬という貴族の遊び場と狂歌の縁は

湯治の内に歌の点望む人ありしが宜しからぬ歌しかなかった
Sanetaka, accousted in the bath and asked to grade poems, all bad

昔よりきとく有馬の湯ときけど腰折れ歌は直らざりけり
From long ago, these hot springs of Arima can heal anything
or, so I hear, but your broken-hip poems are another thing!

安楽庵策伝（1554-1642）の 1623 年の名作『醒睡笑』に西三条道遥院殿=実隆公が詠んだ首。聞＝効の掛詞は英訳無用が、宗長の日記を初めに、初期狂歌には似通った首が多い。歌を詠む歌は狂歌になるから、これも狂歌の世になる。

有馬山私雨のふるよりも湯女にふらるゝ身こそつらけれ

"My rain" falling on Mount Arima makes no one turn blue;
what hurts is when a yuna happens not to fall for you.

これは、由来は少々違う。大狂歌集が出た 1666 年に間もなく、大きな観光案内の初刷も出た。「ご笑納ください」に『地誌所載狂歌抄』からの歌例一杯あるが、温泉屋の微笑ましい宣伝となる歌までも見たければ、後数年もかかる「古狂歌 案外の案内」別冊を待ってくれ。ここでは、かの案内に出た有馬の「私雨」のみ、数首を見る。上記は、正房の 1678 年の有馬編の首。同本同編の貞富の「有馬山湯女恋忍ぶ袖にふるわたくし雨は涙也けり」は同主旨。下記なる同編の富由の首は、俳句顔負けの風景。

有馬山私雨に松茸の笠をひらいてさし出でにけり
On Mount Arima, matsutake open and raise their dome-
umbrellas for a rain that, falling, falls on each alone.

旅に大詠みは少ない。行風の 1672 年の天神蜂のあまみつに次いでなる有馬の大詠みは、潔布の 1815 以前の江戸狂歌を待った。

有馬の湯すごやかな身は慰みに又行きたいが病なりけり
At Arima's warm springs, we soften and lose our cares:
that is a relief, but we become addicted to going there!

西行の観光シュールと後期江戸の反旅考

合わせばや鷺を烏と碁を打た答志すヶしま黒白の濱
Let's have a match! Black & white beaches, heron & crow:
yes, Toushi Isle and Suga can fight it out in a game of go!

西行が碁石の産出地なる伊勢のトウシ＝答志とスガ＝菅島を訪ねた時の歌を、宿屋飯盛の狂歌読書の『新撰百』にも再載された。その本を読んだずっと前に拙著 Mad In Translation に入れたが、その他の白黒浜の数首と一緒に東京の混んだ電車に立ちながら読んだ岩波文庫の山家集に見つけた喜びを今も忘れない。

老ぬれば名所古跡の遠道へ行かで楽しむ腰折の歌
Now I'm old, sans travel on distant roads I enjoy at home
famous sites & ancient ruins found in broken-back poems.
（上は「ご笑納ください」にあるが、誤訳かもしれない）
Now I'm old, I don't go to famous sites and ancient ruins
on distant roads, but enjoy far from hip poems at home.

上の英訳は、狂歌の旅歌を読む人かと前提したが、下の英訳は旅の道の代わりに歌の道に専心と受けた。上方の舎鳫の 1814 年の歌の題「老楽歌道」も後者なる。腰折は broken back にも disjointed hips にもなるから困るが、新訳は慣用語の第三道を開いた。「格好いいとは言えない」歌という卑下になる。腰折らも「行か」での態度は、生命圏の危機を知る我々は学ぶべきかと思います。

英国のバラッド読売ぞ、評とルポの狂歌も見よ

歌舞妓　又と世にある物でない過去未来
ゲンザヘモンが舞のなり振り　卜養　1650 年代か
There never was and never a Genzaemon's likes we'll see
– mannerisms trés bon, he's soi-disant it cannot be!

狂訳の掛詞は again = a Gen(zaemon)となる。現代人なら医者ではなく、名コピライターの卜養の名歌の前詞の「女かと見れば男成りけり」という語で俳優を業平と比べた事が判る。右近源左衛門（c1622 生）は卜養同様上方の人で女方の開祖。双方とも江戸に勤める事になった。卜養には曖昧性別に関心があったようです。「万助が女舞に」という数年後の歌は「女かと見れば男のまんの助ふたなり平の是ぞおもかげ」。かの観光案内書に再載された題が「狂言尽」で「是もと介」。卜養一人ではない。

美しき若衆歌舞妓をんながた是は世界の真ん中ぞかし
Such beautiful molly-boy kabuki actors in the female role –
this must, indeed, be the center of the whole damn world!

1659頃の東海道名所記の第一首「歌舞妓」は浅井了意（1612-1691）詠み。卜養より抽象的で「ふたなり」を日本のお臍ともよばれた日本橋と一体化すれば凸凹二本橋を世界の真ん中にするとプラトンの両性具ある真ん丸の原型まで思わせた。女々しい同性愛ぎみの美男子の無害の称に困り、古英語 molly（ラテン語の「柔らかい」から）で、一応英訳になる。

女かと紛ふ歌舞伎の若衆もけわいけしょうの物と言わまじ
The young-crowd of kabuki who pass for our female kind –
could not they, too, belong to the made-up monster ilk?

英語では make-up はお化粧で made-up は捏造された。この1679成立狂歌大集の歌は、百数十年後の蛙の口の形の洗面器の妖怪百の本歌。詠んだ人、道哲の心を知りたい。ふたなりという両性の人は、当局に抑えられた時代になったか。敬愚は女形の歌舞伎は嫌いが、オペラも嫌い。「美人」に美人は少ないから。

勇ましき皃はお江戸の飾り海老おんめの正月と団十郎に
Two faces of Edo bring joy to my eyes, dauntless, they laugh at Age.
What's one year to a Grand Shrimp? I'm catching Danjûrô on stage!

桜川慈悲成（1833 没）の団十郎七讃。俳優の着物に海老が必ずあった。鎧の厚い伊勢海老であれ、小型のシュリンプであれ、撥ねるエネルギーは抜群、焦がれてこそ色が愛でたい紅白。

泰平の日本では、歌舞伎は危ない理由

大方ハ歌舞伎も愛でじ是ぞこの積もれば人の恋と成るもの
Most people don't actually like kabuki plays because there is
fear that what you see builds up to become real love affairs.

1649 年以前に詠まれた未得の歌舞伎評は、月積もれば老となる伊勢物語の名歌と年積もれば困る一休の焼き直しの派生歌。本物の女の歌舞伎が 1629 から禁止になった。泰平の国のはずを、俳優に惚れると日本人が喧嘩してしまうと困ったようです。

時事も日記の内だが

金玉の定まりかねて火事以後は
宙にぶらつくまらのかりやぞ　月洞軒
Since the fire, my poor balls, unsettled, never go to bed,
which leaves no pillow for Dick to lay his sleepy head.

元禄をわたる黒田月洞軒の狂歌日記『大団』の歌＃2016。なるほど、睾丸は亀頭の枕か。大火事後に長引く借家住にて、自信もなくなる男の不安が股部に現れてしまう。不安だと、睾丸は股の付け根を一寸とも離れぬ。胴中に避難してしまうのもある。相談役の老家来が手をいきなり将軍の股に突っ込んでみる話は誹諧と川柳に多いが、この私的用例ないし自白は、珍しい。

町がゝり借銭乞いが見限りて焼けぼこりほど能い暮はなし
No better Year-end can be found than here on burnt-out ground:
all the debt-collectors have given up on our entire town.

卜養も 1669 以前の「類火にあいて」が前詞の「丸焼のつれなく見えし我が屋敷あかつち計り憂き物は無し」と、百人一首の「暁」の歌をもじった嘆きを詠んだが、月洞軒の上記は貧乏の有利になる所も見ようとした。一茶に見せたかった！

日本のあるじ成るべき印には先ず大焼をしろしめす哉
Lords of the Land of the Rising Sun
or are they the Spark of the Earth,
that they must first their mettle prove
by burning down so much of it!

上は「鸚鵡籠中記」の身分が上の者の火事の責任を問うだけに、落首となるが、日＝火の本を仄めかすに英訳が少々長く成った。

公家はやけ武家は腰ぬけ町はこけ土に生ゆるハもづけ也けり
Nobles roast, while boastful warriors flee, the town is burnt toast;
what is sprouting from the ground must be our wrathful ghosts!

その「土に毛生ずる」老人の毛ほど細いのもあり、馬の毛ほど厚いのもある三色の生え物が幾つかの日記に出てきたが、庶民の恨みの化け物と見た。「ご笑納ください」に同じ現象を描いた参考になる歌何首もある。

はれ物にあらぬ我が身の胴服をヒルカの主にすわれぬる哉
Far from a boil in this cold, suckers for ettiquette we don’t breach,
I gave my bloody warm down vest to the lord of this place, Leech.

日本人も腫れ物治療に蛭を利用したようですが、戦後の平和を守るように寒い冬を、負けたはずの敵に服装を下さる度胸と我慢は素晴らしい。歌人細川幽斎の二十代の長男細川忠興は下手糞に支度され、従軍の頭に置かれて、小田原陣および奥羽征討にど田舎へ送らせたが、その狂歌中心の苦労を雄長老（思えば没年の頃だ）へ送った。物の調達に苦労したを「米のねは富士より高く成りにけり陣のまかなひいかにするかの」から、上の狂歌まで嘆きを全て狂歌に託した。寒さに関する二、三首もあったが「葛西のうちひるがの城に着き侍りしに彼所のぬし出侍りし程に同服を脱ぎて遣して」狂歌を詠んだ忠興は、天晴れだ。

釈迦さまにみくしは落て涅槃像これぞまことの地震成仏
His venerable head fell off, or did Shakamuni deign to make
this reclining Buddha – self-enlightenment by earthquake!

色々の天・人災の中で、上の卜養歌だけは、著名になった。当の御頭は、1631年に出来上がり1640年の大地震に落ちたようです。「大地震に上野の大仏みくし落ければ」と題した卜養の家集には、二度も出るし、再載も多い。私的ルポながら、再載の中には、卜養の名も抜けて、落首の行列に加えたる場合もある。

素直なる御代のしるしに砂降て槍のふらぬが又も幸せ
How fitting to be polished by sand in our oh so well-bred Age;
let us count our blessings that it's not raining spears instead!

千早ぶる神代も聞かず江戸中に目から鼻から砂くぐるとは
No, not even in the Time of ye Myriad Gods was ever seen so
much sand thread its way from eye thru nose as in our Edo!

1707 年、富士の吐いた埃で江戸も砂嵐中。砂を体から払う蒟蒻の値も富士より高かったと云う。狂歌は文左衛門の『鸚鵡籠中記』より。詠む人の名もないから一応「落首」なるが、あったら慣用語と百人一首を弄んだ上の狂歌をルポに通る。凶ないし大変は、君か当局の責任と思われがちで、無邪気の首までも「落首」になっただけです。他の歌例は「ご笑納ください」にあるが、いつか米国の民話集にある Dust Bowl の砂嵐の珍話と合わせて見たい。

Skip-out Pilgrimage 抜参り＋A Pilgrim's Progress 初乞

走れとて誰かは道を急がする駆け落ち顔抜け参り哉
Run, someone shouts seeing them speed down the road
for pilgrims as they sure did look like people eloping!

施しは受ける物とは聞きながらちと恥ずかしき初乞食哉
Hearing that he is about to receive the alms that are his due,
some embarrassment can't be helped when begging is new.

1813 年の栗標が詠んだ上方狂歌。いずれも抜け参りの心を繊細に描く。多い年には何百万人も参加した抜け参りを詠む歌も、時評だから落首っぽいも、詠む人の名前が OK だったようで、落首ではないが、抜け参りルポも落首と共になる事が多い。例えば、1705 年の『狂詠御参宮百人一首』の九例も『鸚鵡籠中記』に再載された。「秋の田を植え付けもせで抜け参り我が着るもの雨に濡れつつ」を歌例にすれば農業をさぼっている非難も、感じる。ルポであれ落首であれもじりであれ、生ぬるいというか狂歌としては今一つ。狂歌と云えば、下記の「不二詣」の 1818 年の上方の桂雄詠みなる心理上のルポの方が良い。

登りには恐ろしがりな不二山もいつか下向けば尻に敷く物
Nothing is quite so terrifying to climb but even Mount Fuji,
once you look down from it, is under your ass & thumb.

同時に、これを富士の一番高い所にある壁か大石に書いたら、これは落首らしい落首にもなる。蛇足：英語で尻に敷かれる慣用がなく、親指に抑えている慣用になるが、そのお尻と合わせて紹介すればなんとなく伝える。一方、明治十一年版「開花新題歌集」に出た「人力車」と題する金井明善の「大路ゆく車も今は牛ならで氏ある人の引く世なりけり」（三四郎ではなく、姿三四郎ですね）は、英訳無用。濁点も使う時代ながらが牛＝氏のどれも「うし」なる古綴りを仄めかす。現代短歌にとて当集の意義を考えたければ、吉岡生夫著『狂歌逍遥 2』の第二巻をご覧になって下さい。「開花新題歌集」は、アニメで壊しそうなネットに見当たらないから、敬愚も読めないが、想像すれば、初期狂歌の観光案内のようなものが、遠近よりもなりつつある将来を描く。

落首の復活物語

太平の眠りを覚ます蒸気船たった四杯で夜も眠れず 無名
Woken from peace by steamship homonyms for tea, that's right;
Just four vessels/cups and we can no longer sleep, even at night!

蒸気船も含んだペーリーの海軍隊の太平洋を渡り泰平を破った 1853 年に幕府はパニック状態になり、必死に偽りの見せ掛け城までも作り上げるための徹夜も連続で、力のために茶にお酒も多少入れたかと想像しますが、この著名の落首は狂歌の良さを十分知らぬ者が幕末には良過ぎるから明治以降の作の偽物という理由で教科書から切り落とされた。運よく、この間。幕末に既存だった証拠、二個も見つけられた。しかし、それがなかったとしても、1806 年成立の近世上方狂歌本に「寄茶祝」という題で、あや足詠「めでたしな宇治の茶の名のきせんとも太平にのみ引きつづく御代」と下記の赤良作と云われた 1790 頃の名落首の終りの句を合わせたら汽船の落首は幕末に詠まれたとしても、ちっとも驚いていない。泰平なると煩くなる二本歌だね。

世の中にか程うるさき物は無しぶんぶというて夜も寝られず
Naught in the world is as irksome as a mosquito coming near –
who can sleep with bunbu (martial arts & letters) in your ear?

当「文武」政策のために武家の男ならば朝早くから稽古にも参加せざるをえなかったから、夜もすがらの狂歌の宴会も楽しんだ赤良作と疑われた事はおかしくない。思えば、「人はみな起き出づるその暁に小便をして寝るぞ楽しき」を詠んだ親友の医者金鶏も疑うべきでしょうが。ともかく、赤良は狂歌の人生をやめて官職をせざるを得なかった。その時に私的落首っぽい嘆きで正気を保った。

世中はさてもせわしき酒の燗ちろりの袴きたり脱いだり
My world today is so damn busy – man, just try juggling pots
of hot wine while pulling on and off your stiff culottes!

袴そのもののあほらしさを取り上げる自分の狂歌も「ご笑納ください」にあるが、本書を十万字以下に押さえたい。既に七万字に近い。名落首をさっさと見よ。

古典落首が急に落首事件の虐殺

花よりも団子の京となりにけり
今日もいし／＼明日もいし／＼　1569 頃の寒川入道筆記
In Kyoto has it come to pass that dumplings beat blossoms at last
– today, it is "ishi!" "ishi!" and tomorrow will be no ishier!

Japanglish の狂訳の no ishier は no easier 即ち harder。信長の城造りの為の石運びが大変だった。その仕事をすると食欲も増すだろうが、京弁では「おいしい」が「いし」だったらしい。

末世とはべちにハあらじ木の下のさる関白を見るに付けても
（秀吉の本来の姓が木下、へちは別、然るは猿が英訳無用が）
The End of all no longer seems remote for there below a tree
do we not see our ruler whom we know is a monkey?

有名になった城造りの落首は微笑ましいが、この 1591 年の怒りの傑作も直面すべき。太閤のせいで、もうマッセと云うもうそろそろ滅びる、人も堕落した悪世の中。刀狩に朝鮮へ行く赤紙などなどで人の気持が判るが、壁に上記を含む十首の落首のために約百人が切腹や鼻や耳を削いで磔などの残虐な死刑を受けた。一首に十首を、という決算になります。今はクルド殺しを楽しむトルコのエル怒ワンの顔を見ると、鬼になった秀吉を覚える。徳川家康のお陰で、ついに泰平の時代になった。落首よりも『古狂歌 滑稽の蒸すまで』に尽くす祝いと賀歌が多かった。とは言え、1670 頃、信海は「寸白にや大金の男袖こひ」するのを囃した歌を自分の狂歌集にのこした。巨大睾丸に煩う者を笑うような首を、壁に晒したら、落首になるでしょう。

股ぐらに余る計りの金持て銭をもろふは欲の深さよ T33
One who boasts an endowment far exceeding his crotch, now,
how greedy can any man get to beg for more baubles yet?

万葉集の赤鼻を銅取に抉るべき等の苛めの類で、多くの落首より悪いと思う。蛇足：英訳の baubles は宝石と男の誇る荷物の両意味ある古語で、endowment 遺伝のお陰で大物持ち。万葉と平家物語のそれより新奇で、男色の信海はあたかも羨ましく詠む。

首を傾けるキツイ落首

Going out to conquer another country would be such a hassle,
our rulers prefer to stay home and loot every man's castle.
天下取る事は嫌ひで尾張には家中の物を取るが好き也
Why go out to conquer and plunder the ends of the earth
when loot is close at hand in the land of your birth?

1734 年に自然に亡くなった文左衛門は、言うまでもなく上記ある『鸚鵡籠中記』を生前に出さなかった。初公開は、昭和四十年代。尾張を「終わり」に掛けられない英語に不満ながら、英訳二通りもする理由は、歌の精神がとても好きからである。それこそ本物の落首です。

上からは明治だなどと云うけれど治明と下からは読む
Seen from above 明治 reads Meiji, i.e., "Brilliant Rule,"
from below, it is osamarumei ("uncontrollable")
so, whom do they think they fool!

「おさまるめい」と言う訳です。これも本物の落首なるが、それが死刑されるよりも、暗殺される恐怖のために無名になった。

神の前にも狂歌の勇気

目に見えぬ鬼神をだにおとすべし 壁の耳をば何が畏れん
Songs beat gods and demons even though we cannot see them;
Why should we fear what a 'wall with ears' might hear, then!

「落首事件」という秀吉の落首大虐殺の約百五十年以上前に、戦国時代の公家、三条西実隆（1455-1537年）は知人に「白壁という物」を「戯れに」詠むように頼まれたら、上記の無敵なる答えを詠んだ。他の二人は「世中は壁に耳ある物なれば 人をおとして歌な詠まれそ」とか「人に皆かならず癖はあるものぞ そこを心へ遊ばざるべし」と心細い。確かに皆にも癖あるが、怖がることなく詠むべき。実隆の事をもっと知りたくなります。大津波の可能性を知ってた科学者、一人だけでも実隆の勇気と言葉の力に対する信用すら持ち合わせたら、安全のための整備の必要性の公論を世に開いたら、あのとんでもない人災を防いだかもしれない。遠慮という美しい作法は、時場次第に良いが、仙台を見よ。（お説教ごめん。日本が悪いじゃない。母国の約五十年の不誠実を相手にする本も、2018に出したい）。

月の輪も曇る計りに棒ねじてたとえ負けたと胆な潰しそ
Twisting a pole until its moon clouds over, you claim it's fairly
defeated so . . . . . no, crush not the gall bladder of this bear!

上方のもゝこは、1729 年に出た本に打ち明けた「熊の見せ物」の首ながら、当の熊を悪態した地方で壁に書いたら、落首になる。我が狂歌は人の落首なる。貴重な製薬原料となる熊胆と判っても許しがたい。一度見た。アライグマに適切な大きさの檻に入った日本の観光休憩止まり場の熊。皮膚医学者の一段は店に入って買い物しながら見た。輪熊の背中の骨がよく曲がった。何もない小檻にせめての慰みを見つけていた。自分の口でオナニーを繰り返した。少々羨ましがったが、状況を思えば情けない、許せないとおもいました。下記は九十年後の訴えになる。

植えし上は箸にも折るな笹竹は堤のくえぬ用心のため
That cane was not planted to be broken off for your chopsticks,
but to stop the elements from eating away at the dike we fixed.

砂防の喰え止めの為になる林が危ないと感じた喜代記の 1820 以前の江戸狂歌の良心的な歌も拍手おくりたい。日本の割り箸が良いか悪いかとは難しい。洗うだってエネルギーを費やし、汚染も増やすと思えば、頭使わないエコロジストと異なって、どうすればいいかという殊に心配する敬愚だが、ここは明白だ。大事な堤を台無しにしてはならぬ。地球生命圏にとって守らなければならない堤を守りましょう。とは言え、落首は狂歌の 5-10%ながら、戦後の印象では狂歌の約半分になる。鈴木棠三の『落首辞典』には、数多歌例あるから、そうでない狂歌に力を入れてもいいが、人の自由と責任は、落首次第ではない。

現世を馬鹿にする嘆きを嘆く数首

世の中はいかに苦しと思ふらむ
ここらの人に怨みらるれば　元方
How it must pain our good ole World to know
there are so many people here, who hate it so!

かく計り経難く見ゆる世の中を羨ましくも澄める月哉
How hard it is for us to live in this world – Alas, it seems
we look up enviously at pure Luna as she beams!

かく計りめでたく見ゆる世の中を羨ましくや覗く月影
From the sky, our world must seem to be a place so blessed
that Luna peeks down at us because she is envious!

左、万葉の昔より世の中の憂きを嘆くあまた和歌を、世の観点から嘆く在原元方の古今集歌は可笑しくて、しかも全く新奇で狂歌同然。中の藤原高光の歌は後になるが世を嘆き続く。その陳腐を逆さまに詠む右の世を肯定する首は、四方赤良の名歌。その名歌は、素晴らしいもじりながら、徳川の泰平を祝う初期狂歌（友易の「太刀は鞘に治る御代は腹つゝみ打つや打たずやたんぽゝの城」1678 とか、重香の「古の静かな御代に繰り返し昔を今の仕置きたゞしき」1679『滑稽の蒸すまで』を参考）もあると思えば、いきなり世の味方として訴える元方の古今歌の方の狂度は上と思う。

泰平祝とその名歌を笑った狂歌は

戸をあけて寝れども更にいさゝかの
風邪さへ引かぬ御代ぞめでたき　金鶏
We sleep with open doors and, what is more, still never catch
the slightest cold in this most bless'd of all times e'er told!

赤良の家集に入た親友の医の「網雑魚」の一首だが、羨ましく世を覗く月の名歌の御代肯定は真面目くさいではなく、祝歌遊びの系譜の中に詠まれた証名になるかと思う。戸ざさぬ事が古代中国まで遡る泰平の具現になるが、この首のように風邪も引かないとまでの誇張も出るとお判りになるかと思えるが…。

笑え人顎の掛けがね外すまで戸ざさぬ御代のたわれ歌には
Laugh, people, laugh! Doors left unlocked deserve applause
so let the doggerel of our Lord's Reign unhinge your jaws!

1820 以前の江戸狂歌本に出た鯉鮒の歌の題は「寄狂歌祝」です。自分の歌にも触れると面白いが、原文の「御代」は、単なる「この頃」か「最近」か、将軍か天皇の代の特徴を指すか。

直ぐなるハ先づ伐り倒すそま山の歪むは残る憂き世也けり
On Mt. Timber, straight & true gets chopped down right away.
What a sad and woeful world, where only the crooked stay!

泰平祝と限らず徳川時代に世中の嘆きも残った。1623 年頃の富山道冶の小説の人物竹斎の上なる首は、世の中の僫さというより不正を歎く。有用な木は伐採、材木等になるを、無用の木こそ残り巨樹に成ると云う Zhuangzi＝荘子の逆説的な道の教えをそのままながら、無用を祝う本来の心を逆に歎くは可笑しい。

世に立つは苦しかりけり屏風まがりなりには折りかがめども
'Tis getting harder for a man to live upright, though we may bend
like folding screens to stand, this need to be crooked has no end.

1785 に天明狂歌の大御所唐衣橘洲は、竹斎の材木を屏風にしたら、名歌。天明の当局が、当時ルーズだったから狂歌になった。

私的誇張は自慢か自嘲か

剃刀の刃よりも薄き襟を着て
首の切れぬは不思議なりけり 竹斎 1623 頃
W/ my collar worn thinner than a razor blade, let me gloat:
'tis nothing but miraculous I have yet to cut my throat!

仮名草紙『竹斎』の旅する藪医は、芭蕉が「狂句」と題し「こがらしの身は竹斉に似たる哉」という句の為か、現在も多くの人々になんとなく馴染みある名は、狂歌の歴史に不可欠だ。暁月坊と実隆と長嘯子と雄長老と貞徳など貴族が開拓した桃山時代までの狂歌とより広く参加できるジャンルを世に紹介した初期の大狂歌集の橋渡り役にもなった狂歌かと思います。

蚤虱声振りたてゝ鳴くならば我が懐はむさし野の原　暁月
If the fleas and lice could but cry out for all to hear
the bosom of my robe would be Musashi moor!

伝説的な狂歌師の暁月坊（藤原為家の子で定家の孫の冷泉為守 1265-1328）も、その幻しい『蚤百首』（まだ見つけていない本）の首にも素晴らしい誇張あった。『かさぬ草紙』で「むかし」野に「泣く」が、1562 年の『臥雲日件録抜尤』の「虱百」に「むかし野」ながら、「泣く」が「鳴く」に直した。

Malthus より早く人口過剰の心配か

懐旧　祖父祖母ひうばひおうじことごとく
死なずに居ては何を喰わせん　雄長老（1547-1602）
Grandpa, grandma, great-grandma, great-grandpa - say “when!”
If no one dies but stays alive, what would remain to feed them?

再載が多い名歌。「おうじ、うば」の歌は内戦時代に育った雄長老は、人口が増すはず平和を望む合理的な計算で不安が生んだ歌と勝手に早合点したが、雄長老生前に出た中院通勝の判は「御母儀さまを入れられざる所尤作者の粉骨也殊勝珍重々々」とある。他で、寺持ちながら、と判った。子の食わすか、間引きするかという背景と平行に考慮すべきも、怪しい。

新撰狂歌　子供をば鮨にする程持ちたれど
いひが無ければ日干しにぞする　よみ人しらず 1615 頃
Why, they have kids enough to make a whole boxful of sushi,
and, if their rice runs-out, sun-dried they’d be less mushy!

前詞は「貧しき人の子多くもたるをみて」。徳川時代、早々と人口増加。鮨を弁当一杯にすれば、英語の慣用語「鰯の缶詰」あるが、脚韻を踏むに日干しの方がぐんやぐんや（mushy）としない利もある、とオマケに加えた狂訳になった。

貧乏はこういう物ぞという狂歌の正直

我が庵は冬蕎麦けしき氷室山夏のあつさは麹室かも
My hut's winter view is a buckwheat field that looks freezing cold
while summer in the hills is steamy as a malt-house full of mold.

1677 年の「地誌所載」という観光書に、上記の貧乏の嘆きが「氷室山」の題の歌群の中入できたか。ハードボイルドですね。

Even in good health, downhill is harder than up – I may be old,
but truth be told if this year is my last, 'twil be for lack of gold.
達者にも道はあるけど越えかぬる年はお足の無き故ぞかし
Downhill is harder than up even when old and in good health;
if I cannot last another year, it will be for lack of wealth.

1700 頃は「牢人」と「ある人」のブルースとしか言えようがない嘆きしかない 113 首の浅井了意著『秋の夜の友』にある。お金の無い敬愚はただ頷けるばかりです。

此家は喩えのふしの火打箱かまちで打ちて目から火が出る*
Life in a flat* no bigger than a closet *observatory
* if I but turn about, *I hit my head* and see stars!*

上の天明狂歌の貧乏名歌は、特大柄の男ながら押入同大の小屋だったと云う大家裏住詠み。蛇足：カマチは火打ち石が打つ金物と人の頭。富士は火打箱の銘柄。「此家」は「我家」となる変種もある。火の子みる眩暈は英語で星みるから、火打ちを止めて家を豆天文台室に化した。敬愚は 186 センチで 180 センチになる一間だらけの和室の戸口によく頭をぶつかった。

世の中のちりし積もりて山と成らば山篭りせん塵のこの身も
In this world, where our garbage piles up to create fine hills,
that's where to hole-up, and as I'm but trash myself I will!

天明狂歌のもう一人のおめでたい貧乏は大根太木。彼と同じ飯田橋近辺に住んだなだいなだの『江戸狂歌』に見つけたが、自宅を「山田屋」と称し「ちりもつもって山田屋」をモットにした！中国に遡る山に篭る仙の市版と塵積もれば山と成る日本独特の祝いを組んだブルース型の半ば自嘲なかば自慢の傑作だ。

天井を張れば鼠は騒ぐなり水もたまらず月も宿らず
Improve my home with a ceiling and soon I'll hear mice at play,
and catching no water, the moon won't have a place to stay.

★1846 年出版、その弟が著した「蜘蛛の糸巻」にある、1816 没の山東京伝の首ある。「ご笑納ください」に更なる惨めのブルースの歌例もあるが、日本一の知性もちの京伝の、また哀れなる、最後を欺く楽しい指摘で本章を締めくくる。

貧乏でない鬱もあるが

よしさらば涙の池に身をなして
心のまゝに月を宿さむ　西行上人
If it comes to that, I'll turn myself into a pond of tears
and put up a guest, the moon, whenever I should so please.

西行は涙の狂歌を沢山詠んだが、涙を池にする歌などは何故か有名にならなかった。どういう訳か、恋の別冊に取り上げる男泣きの心理学上に意義あるもう一首「君したう心のうちは児子めきて涙もろにもなる我が身かな」一首のみ有名になって何回も読んでいる。とは言え、江戸時代の人は西行の涙もろさをよく判った。

嘆くとて士やは物を思わするあゝ西行はこんな坊ンさまか
Our warrior says he suffers, so I imagine him weak, not tough:
was Saigyo a spoiled monk or boy not made of sterner stuff?

上方狂歌の祖師貞柳（1734 没）の百人一首もじりの歌例です。歌のかこち顔をもじるよりも人物を詠むのが、五十年後に赤良も見習ったが、敬愚だったら「月にもの思わする責任負わし己が涙に着せる濡衣」となった。「胸の火の燃えたつ時の有るならば心の水をせきとめて消せ」（英訳は「ご笑納ください」に）と勧めた一休と正反対に、和歌の陳腐を弄ぶ、涙に乗りだした西行は、好き。老一休の自画像の顔は、嫌だ。泣くべきだった。西行は、きっと死ぬまで優しい顔のままだった。Chesterton の随筆 Smart Novelists and the Smart Set を言及しよ「女のように泣いた変わり者（の作家）こそ、男のように笑った。」

世に合わぬ老の懐旧

世中は拍子ちがいに成り果てゝ
舌鼓のみうつゝなの身や　入安 1610 頃
With the world now dancing to the beat of a different drum
I can only shake my empty head and click my old tongue!

1666 年の大狂歌集にも、1783 天明の元木網著の本にも再載ある狂歌の古典。愚に返る年に成ってから狂歌を詠む者が多かった為か、老の歎きは数多ある。とは言え、

何事も思ひ到らぬ世の中に身は余りぬるものにぞありける
In this world where everything finds me lacking in thought,
I am, myself, superfluous – literally come to naught.

源俊頼（1055-1129）の和歌は入安の抽象版みたい。詳細ないが主旨は同じだはないか。平安後期を近代か現代ですね。★1809 没なる上田秋成の次の歌では、二人の言わんとする所が明白也。

古里と思ひしものを年経ては知らぬ國にも我は来にけり
When I returned to what I thought was still my old hometown
years had passed and 'twas a foreign country that I found.

年順では入安と秋成の述懐・懐旧の間になる英国作家 L.P.Hartley の名言「過去は異国也」も思わせる。

いかにせん伊勢物語よむも憂し昔男と我なりしより　風流雪
What shall I do when even reading The Tales of Ise makes me blue!
(since I came to see myself as that "Old-fashioned Man" it is true)

原題が「寄物語懐旧」の 1820 以前の江戸狂歌。入安ほど明確しない。伊勢が「時代差」に困る昔男の枕に過ぎないかも知れないが、軽いは軽い。楽しく読める。

この世に居たい元気印の老

人も見ぬ宿に桜を植えたれば花もてやつす身とぞ成りぬる
I ring my grass-hut with flowering cherry trees and assume
none see how merrily I go to seed while still in my bloom!

世に合わなければ、或いは常世の中と老い自分の差を嫌がる場合、隠居もあるが、和泉式部（1030 没）だけは華々しさの中に居たい願望を叶うように、その隠居を整備したと伺う。この歌と矛盾しないが、考えさせる視座のやや異なる式部の美の執着を反省する「寄釈教述懐」歌もある。「あぢきなく春は命の惜しきかな花ぞこの世のほだしなりける」（風雅集続歌集）。

月故にいとゞ此世に居たきかな 土の中では見えじと思へば
Thanks to the moon I cannot help still wanting to stay around
when I think it will be hard to see from six-feet underground!

狂歌集に再載が多くも他にまだ見ていない半ば名歌の貞徳の月故の歌には、「絆し」や「執着」など用語もないが、花の替わりに月に対する似通った気持ちを詠んだ。『方丈記』を書いた坊さんは月への執着が困るから、本が面白いネイチャ・ライテイングになり初めたところ、筆を投げてしまったが、心理上のバランスが取れた兼好は「この世のほだし持たらぬ身に、ただ空の名残のみぞ惜しき」を素直に認めた。貞徳は更に正直で「居たき」という自白を明白に詠んだ。その貞徳を褒めたい。

老の懐中の滑稽なるシュール

年寄れば腰をかゞみてあづさ弓
つるともなれば矢ともなる杖　無為楽 1777
Grow old and your back forms a bow drawn in all but name
when you also have the string for it, or arrow: your cane!

同一杖を弦と矢にする大胆無敵あるいは出鱈目の描写ながら、いつか、この老身即弓の歌を百コマのパラ／＼絵本にしたい。杖の頭の鳩は飛び上がる瞬間、老人は矢と弦を分けて、さらに躰を前鏡しながら後ろから忍び寄る死神を射るか。★1815 年の江戸狂歌本に老の白髪を玩ぶ、もう一本のシュール杖の首ある。

年ふればかしらの雪に辷るかと杖にすがりてありく老人
Years pass and fearing a slip on the snow that is their crown
old people come to depend upon canes to walk around!

蔭広の首も、直ぐパラパラ絵本にしたくなる。白髪はフケの吹雪で地面を危なく覆うか、全髪が落ちて雪になる坊主頭に杖か、老人が多いから互いの頭上に歩く…。連想をそこまで具体的に想像するのが敬愚だけだろうが、その類の言葉遊びは一種の覚醒剤と思えばいい。二首の詠人の齢を知らずが観点は、若い。老人詠んだに違いない歌は、上方狂歌の祖師の貞柳翁の証言、

老ぬればかしらの雪と積もるらん足手も寒く成り増さる也
The snow began to build upon my crown as I grew older –
then, as it did, my hands and feet got colder and colder.

老貞柳の画像に膨らんだお腹に細りとした手足と首。痛ましい。白髪は和歌狂歌を問わずが、禿は狂歌なる。百首しかない 1700 年頃の『諸国落首』に下記を二度とも見つけた。

そろ／＼と我は仏に頭からなりかゝるやら光こそすれ
So am I now starting to turn into one from the top down?
We call stiffs Buddha and mine has a very shiny crown!

落首とは見えないが、歌集の始まりに近い方が「五十歳あまりの人」の首となる。そして、終りに近いには「道具や仁兵衛」と名も追加。英訳に「死体を仏と言う」の情報も足した。最も驚いた老禿歌は、1812 年の宿屋飯盛編、蜀山人序の『万代狂歌集』に出た酒一友のふざけた反省風の懐旧歌だ。

わが頭つよく光るハ若き時あまり男を磨き過ぎたか
Is the reason my crown has come to shine (it's really bright),
polishing my manhood a sight too much when I was young?

想像力も豊の千擦でテストステロンを高ませたら、あり得る。禿こそ絶倫とどこかで、いつか読んだが、より大切な話がある。脱帽の歌例は、天明狂歌の大御所の朱ら菅江が死後の本に出た。

禿しより夜は光りて老楽のあたまも玉の数にこそ入れ
Since becoming bald, I brighten every night, so in retirement,
I would put even old crowns among precious luminous gems.

因みに、その落髪式の祝いに天明狂歌の優しい武士の橘洲が

羨まし君ハかしらの雪解して心の花の時を得ぬらん
I envy you, my friend, with the snow on your crown so soon
melting to give the blossoms in your heart time to bloom.

と詠みあげたが、花の命は儚い。菅江の髪が剃られた一年も立たない内に病死いたしましたが、そのめでたい姿勢と天明狂歌の皆さんの友情は永遠だ。

長らえばまた新発意や忍ばれん白髪あたまぞ今は恋しき
Live long and you learn things like what you found hard to bear
you now really miss it after you've lost your snowy white hair!

菅江より幸運だった上方狂歌祖の貞柳のお父さんの貞因は、落髪後に長生きしたら、上記の贅沢な懐旧を 1672 年前に詠んだ。百人一首に借りあっても、確かに新発意だ。

老こそ駄目なる諸現象

くどうなる気短になる愚痴になる思いつく事皆古うなる
You grow long-winded, short-tempered, full of complaint,
and all that comes to mind you think is new – it ain't!

宵寝朝寝昼寝ものぐさ物忘れそれこそ良けれ世にあらぬ身は
Naps before & after noon, sloth & forgetting what you do;
all of this is quite alright for the world forgets you, too!

1702-83 の長い人生で老を十分体験できた蕪村の親友の也有は『耳袋』で描写ながら老の反省としかよべない十首も詠んだ。上の二首は、いかがでしょうか。老人が多い日本で也有は話題になってもおかしくない。

元気なる老は或る種の笛で判る

元気でない老が多いけれど、例外もある。1663 年の『鼻笛集』に風船は、好例。「孫よりもゑの子飼えとハ暖かな革蒲団をや好む年寄り」と笑いながら、題が「祝言」で、こう詠んだ。

めでたやと皆よいように吹きそやす世の鼻笛も心慰み
When we are blessed, feeling all is fine, done sans art
even humming becomes consolation for the heart!
上は自画自安でしょうが、下は諺のような英訳
When you sound happy, like all is fine, we hear it:
this ordinary humming is so good for our spirit.

懐旧尽くしの小集

猫背をもいうべき程に老ぬれば
膝に抱かれし昔恋しき　亀井山早道 1793
Now I've aged to where you might call me cat-backed,
I miss the days of old when I was hugged upon a lap.

江戸狂歌にもこんなに可愛い首あった。老の嘆きの前句は後句の思い出に転じる。名歌ではない。天明狂歌の濱邊黒人の亡き母を悔やむ哀傷歌にもなる「あとまでも袖の涙の乾かぬは濡らせし膝の報いなるらん」とは名歌。亀井山早道のドライ方が敬愚好みだが、良い懐旧歌が多い。本当に多い。甘やかされて育った子こそ長生きしがちかという仮定もしたくなるまで。

恥づかしく曲りし己が旋毛さえ禿て目立たぬ年ぞ悔しき
Even the cowlick, that used to embarrass me so – well, now
that I'm getting old and bald, I miss not standing out.

後期江戸狂歌の名編集者の湖鯉鮒の 1820 年の、この馬鹿正直の歌こそ新奇だ。まだ禿げていないが、全く共感する詠みだ。和樽の 1808 以前の江戸狂歌「歯の弱く成るにつけてもてゝ親の脛を齧りし昔恋しき」も然るに。

老楽の寝られざる夜ハたらちねの起きよ／＼の昔こひしき
On a night when idle old age cannot sleep, the past draws near
as I hear my mother calling me "Wake up! Wake up, dear!"

跨りし乳母が脊中を正真の馬と見し世ぞ今は恋しき
How fondly I recall that world where, straddling her back,
my nursemaid was to me an honest-to-goodness pony!

竹馬を杖にも今日はたのむ哉 わらわ遊びを想ひ出つつ
I put my faith in this bamboo horse, my cane today,
while each step conjures memories of child-play.

上、宿成の 1820 以前の江戸狂歌はこちらまでも聞こえる優しい傑作。中、老蜀山人の家集中に見つけた金鶏の歌を読むと、そのような事だったかと賛成ながらも概念に終わる。下の竹馬は西行ですね。思い出つつは杖を使ってどこかへ出かけるという微妙なオチもある、秀でた狂歌。

老の頭なでてしきりに恋しきは坊やと言われし昔なりけり
Where from this nostalgia, whenever I rub my old head?
It takes me back to the time they called me little monk!

この蜀山人の懐旧歌、わが頭にも感じます。髪がごく短いと撫でられると得意の感覚になるから、髪型次第に記憶も変わる。

長生きは恥多けれど孫彦を屈む背中におひの幸
A long life may bring much shame, but tell not my back
bent for age's happiest burden – my grandchild, in fact!

天才未得の 1649 年以前の年荷の負の陳腐を、老賀に改めた名歌。下記も同じ天才の陽気なる傑作ながら、回文のためか、無名だ。

しろ髪は毎日見るそうかるなるかうそる道に今は身かろし
To see my hair white as snow every day made me feel blue;
shaving it, I took the path – lighter now, I'm good as new!

無常に色々あるが平安後期はいい！

偲ぶべき人もなき身はあるおりに
哀れ／＼と言いや置かまし　和泉式部 1030 没
Being someone not a soul will miss – while I am here,
should I say it? "Alas, poor Shikibu, I knew her well!"

娘に先立てられた、毒舌で人に嫌われている私を哀れんでくれる者はいないから、生前に自分で我が死を哀れむしかない。情けないか、可笑しいか。Shakespeare の台詞（Alas, poor Yorick, I knew him well）を借りた英訳は笑うが。

Boasting dewdrop pearls galore strung by little Arachne,
not to mention rouge at dawn, my, our World looks tacky!
笹蟹の糸に貫く露の玉をかけて飾れる世に社ありけれ
This world the place where we all live is adorned by dewdrops
strung like souls on the thread spun by cane-crab spider-bots!

西行の無情歌は一番好きが、英訳すると前者は安っぽいアクセサリの世に、後者は Sci-Fi っぽい無常に化けてしまった。はい、想像力が刺激されるから、西行の詠む歌を狂歌と見なす。

月と日の鼠に命かぶられてコトリ／　＼と死ぬる人々
Bite by bite, bit by bit . . . the lives of men are gnawed away:
how ye rodents we call months & days love our human clay!
（原文は下記に近いだろうが、上記の方が面白いと思う）
Months & Days are rodents that love to gnaw on human clay
bite by bite, bit by bit until all my friends have passed away.

1679 年の狂歌大集にあった貞富の首は、1672 年の狂歌大集にある資之の「恨めしや明暮草の根ををかぶる月日の鼠とる猫も哉」ほど狂度が高くないが、英訳せんとすれば、貞富の首だけは成功した。日本語だけで読めば、どうでしょう？

皆人のあたまの鉢もひざ皿も死んでの後は焼物にこそ
All of our knee-caps and those round vessels we call heads
will become yakimono (fired pottery) once we’re dead.

同本に貞林の上の歌にある膝頭は「皿」とも書く事も知らなかった敬愚ですが、God 神が人を粘土から捏造したという旧制聖書の神話と矛盾しない。同 1679 の狂歌大集に、亡母の為の言因が詠んだ夏書九十首は「釈教」中だったが、この一首を無常に入れたい。

世間は雷光石火に吸付けてたばこ呑む間の煙とぞなる
Our lives together as humans are as short and rare as the time
lightning, flint-thrown sparks or tobacco smoke stay in the air.

上は、言因。若き貞柳。1729 年の『家つと』に、老貞柳は「ある人」が詠んだ、お目出度い無常歌に応えた老人の知恵は下記。

世の中ハかりの世なれどかりもよし
夢の世なれば又寝るもよし　ある人詠んだ
The world may only be lent, but I am happy to rent
The world may be a dream, good, sleep sounds pleasant

世の中ハかりの世なれどかり難し
夢の世なれどそうも寝られず 貞柳の答え
The world may be on loan, but it is very hard to keep.
The world may be a dream, if, that is, you can sleep!

もじりという、狂歌の一割にもならぬ物

名声ある学者は「狂歌とは主に古典のパロディーによる笑いの文学」と定義する。腹が立つ。もじりは、狂歌の一、二割に過ぎない。本歌あっても「もじり」とは言えない場合も多い。

我が胸は今日はな焼きそ若草の
餅もこもれり酒もこもれり　信海　1670 頃
Heart, burn not today, I need my breast to lay away
mochi fragrant as spring grass and a stream of sake!

駆け落ちの二人が野に伏す伊勢物語の古今集入り名歌「むさし（又かすが）野は 今日ハな焼きそ若草の妻もこもれり我もこもれり」。1620-40 頃の『仁勢物語』も食欲に色欲を凌ぐが、「武蔵野は今日ハな焼きそ浅草や夫も転べり我も転べり」となる。獄門されて信仰を捨てた吉利支丹が責める間に「転べ！転べ！」と囃された「ころべキリシタン」。1787 の上方狂歌本に牙誉は「鳴神の音にや中々春日野に我もこもれり所では無し」と詠んだ。これぞ良い警告だが、我が知る十数もじりの中で最高は、1820 頃の七宝連の米成の摺物狂歌「春日野や妻もこもれる若草になきてネよげに見ゆる小男鹿」だ。伊勢物語に己が妹を「ねよげ」（交合に旨そう）という歌も知らぬ、或いは知ってもその嫌らしい含みを気付けなかった多くの読者にはぴんとこない上品なるブラックユーモアを英訳しても無意味。信海の胸焼けまで戻れば、胸焼けと云えば、本歌も本意もすべてが異なる私的本歌通りも見よ。

日記の前詞「ある夜炉火しどろなる炬燵に眠りかかりて、
紙子に火を点くをも知らず、驚きて」と宗長（1448-1532）曰く

取る所なくてぞ明ぬかた裾もむね走り火の恨めしの夜や

八十歳を超えた大連歌師は驚きて（いきなり起こされて）詠んだ珍作。胸は棟に掛けているが小野小町の本歌通り。「人に逢わむ月のなきには思ひ起きてむね走り火に心焼けおり」。もじるに完璧な本歌あってこそ、八十歳を超えた宗長は直ぐ元気になった。

足曳のやま鳥よりも薬ぞとなが／＼し夜も独りかも食う
Better medicine than Leg-drag Mountain pheasant, believe me,
nothing beats a long night eating duck by myself, guiltily.

上の 1679 の狂歌大集に見つけた政栄の首を読むと敬愚も涎をたる。鴨は好物だ。本歌を知らない人はいないと思うが、このもじりは本歌より上だと思いませんか。

歎きつゝ一人ぬる夜の明くる間はいかに久しきものとかは知る
酔ひつぶれ独り寐る夜の明くる間は馬鹿に久しき物とかは知る
Getting too drunk to walk, you lay there and wait for dawn;
such a time, I've come to know, feels ridiculously long!

#53 右大将道綱母<対>蜀山人ですね。この苦しさは本歌の顔負けとおもいませんか。「ご笑納ください」に何十もじりあるが、小話専門と古典編集者の武藤禎夫著『もじり百人一首を読む』（1998 年）には、千数百首もある。選択もイラスもいい。

世の中に酒という物無かりせば何に左の手を使うべき
If we had none of that thing called sake in our land
what in the world would I do with my left hand?

伊勢物語の「桜なかりせば」歌の派生歌は無数あるが、これは宿屋飯盛のもじりです。その歌も数十歌例を「ご笑納ください」に並んだが、ちょっぴり、ちょっぴり出しては面白くないから、この辺でもじりを止めて、「世話」をご紹介します。

世話、つまり諺に語句に慣用を弄ぶ歌

未得は、1649 年の『吾吟我集』に「世話」巻を設けた。狂歌集初か知らないが、すべてで 52 首になった。諺、故事、成語、慣用などが、それである。「空鉄砲」を例に見よ。

支証なき手柄をはなす音をこそ空鉄砲と人の聞くらめ
The sound of words without impact as empty as a blank no doubt
is what men hear when they say you're 'shooting off your mouth'.

慣用句の英訳は至難の業だが、「空鉄砲」に近い英慣用がたまたまある。「話す＝放つ」こそないが、縁語 blank で原歌に近づくことができた。「痒きかたへ手の届かざる事よりも物をえかかぬ人の不自由さ」とはよくもの書かぬか描かぬか。いずれも「不自由さ」という語も驚いた。或いは「身をつみて人の痛さを尻のあたり触る男や手癖なるらん」を読めば、世話はともかく、当時の日本人の男性は、あんなにイタリア人の男性とそっくりかと驚いた。むろん、未得だけじゃなかった。天明狂歌の大御所の頭光の

母のちゝ父の脛こそ恋しけれ 独りでくらふ事のならねば
Our mom's soft tits and our father's hard calves still taste good
when a man cannot manage to feed himself that's understood.

とは、お金のない老敬愚は気分悪くなる、情けない世話歌だ。宿屋飯盛の新撰百に泉元清（上毛）の「諺の耳ばかりかハロもありて夜すがら壁になくきり／＼す」は、直接に諺を逆説的に扱うが、それも「世話」の狂歌の一種。

出る杭の打たるゝよりも出ぬ杭の人に踏まれて世を渡らばや
No stake protruding, pounded down, I'd make my way, instead,
through the world helping others cross it treading on my head!

踏まれて世を渡ると言えば、杭か飛び石か判らないが、1970 代に来日したら、出れば打たれるという世話を何回も聞きました。で、上の 1794 の萩原何某の江戸狂歌狂歌は、とても気に入る。

天象は子供向けか

天　　月日星うやまひながらさらば又
天へ登ろと云う人も無し　月洞軒　元禄中
We revere the Moon, Sun & Stars, but when all is said & done,
has anyone even tried to climb to heaven? – Not a one!

1310 年の巨大の『夫木和歌抄』の「天像」から始まる雑部の自然現象の「天」の題中に下記の首は、いつ頃のものかを guess!

久方のあまつみ空は高けれど背をくぐめてぞ我は世に住む
The sky of heaven distant and high is surely a thing of worth,
but as for me, I must bow low and crawl to live on earth.

答えは、平安です。中務卿子（-991 没）詠みになる。一方、行風撰編の初期狂歌の大集に読んだ一番面白い天にめぐる歌は、弘法大師の「西東北よ南よそれはさう天地の外はもとの古里」。「南よ」に「皆見よ」が潜むかどうかも知らない難解の歌で英訳を控えるが、読むと岩舟の長い旅までも想像します。行風は、その歌を狂歌集に入りながら、同じ 1672 年の本の「釈教」部に、無題で解りやすい貞富の下記の地味の歌も受けた。

天ハ屋根もろ木ハ柱地ハたゝみ世界ハわれが家居なりけり
Heaven is our roof, with trees for its pillars and earth tatami
while the whole wide world is home to the human family.

やはり子供向けの凡作だ。それよりも、下記、未得の 1649 の『吾吟我集』の「雑」部の「天」中の最初の首は、面白い。

明らけき月日二つは天の目の守る下界の人見なりけり
So what is that pair of eyes up there, the Sun and Moon doing?
They gaze on Earth with care, our wet-nurse is people-viewing!

天は「てん」ではなく、「あま」即ち乳母にもなるし。「明」一字で月＋日が目のように並ぶ。「霞む日や さぞ天人の お退屈」という一茶句もあるが、視覚的なおまけも有る未得の狂歌を中高校の狂科書に入れば、学生はお退屈しない。乳母と云えば、1666 年の大狂歌集の雑巻中の「天」題に、来焉の下記の首もあります。

万物の育てらるれば月と日をあまのはらなる乳房とや見ん
If All Things by ye Sun and Moon are raised, by my wits,
of Bodies Celestial, these two can only be . . . the Tits!

乳母の「天」に「原＝腹」を加えて未得の眼よりも乳だよ、という前に乳母をいうだけで未得は、お乳を目に重ねた。

天文学者も面白がるはずの暗黒物質から輪なる虹まで

大空の星の林の茂きにやそれより先は見え透かぬ也
The forest of stars in the broad night-sky is so dense
we cannot see beyond it as it is not transparent.

99%が大題「七夕」中になるも「星」は最も面白く詠まれた天象。上記は、1815 以前の江戸の真弓の現代天文学を思わせる鋭い観測。とは言え、下記の 1822 の戯雄の上方狂歌は尊い警告だ。

落ちて石と成るという星を仰ぎ見れば足元よりも頭危なし
Fallen, we see they're rocks, so gazing upon stars, instead
of watching your step you might better watch your head!

一方、1806 以前の穂から詠む上方狂歌「満ち欠けも蝕することも無き星ハ月より日より上をこそゆけ」は、正しくも遅れた知恵ですね。雷も面白い。茂喬の 1815 以前の上方狂歌は、いかが。

雷は聞き落ちするにしくは無し打たれてからハほそも噛まれず
Nothing beats hearing thunder fall when you've time to duck;
it will be too late to bite your navel once you are struck!

1783 年の俳諧さがり？の内山賀邸＝椿軒の天明狂歌「天のはら鳴りて時々くだるなら灸すえてやれ雷の臍」は有名が、天象ではなく、寄天象の下痢止めのアドバイスだという事に気づきましたか。

足の裏合わす世界へかけたるか半分ばかり見する輪虹ハ
So, does it rest upon our Antipodal World, sole-to-sole,
showing us but half, i.e. – is the rainbow circle whole?

逆なる他界とであろうが「ご笑納ください」の半頁の脱線は、常世も足裏あわす紙一枚とやや異なる欧州の Antipodes 即ち地球の反対側の「反足」を詠んだデンマークの科学者詩人ピート・ハイン（1905-1996）の愚句 It will steadily shrink, our earthly abode, /until antipode stands upon antipode. /Then, soles together, the planet gone, /we'll know the ground that we rest upon.を思い出し、下記の 31 音字狂訳 を試みた。

ちぢみ減る地球の果に合点つら皆立つ地とは人の足裏
地球なるこの世ちぢまる果に立つ二人は頼る足裏同士

どれがいいか、さっぱりだ。その孫などの許可を得たら、いづれ百コマ以下のパラパラ動画＝絵本も作りたいから、和訳のどれが良いか、教えて下さい。双方も駄目なら、ご自分でどうぞ

そして、野山の杯に煙草盆や海の解毒

武蔵野を盃なりという人の吸ひ筒にせば富士の大たけ
People who think of Musashi Field as a cup for their sake
should find the perfect ash-tray in Mount Fuji's Oodake!

無論、天象の後は山と野と川などと続く。初期狂歌本にある貞林の上記の蛇足無用の首で、山と野も済だ。海もあったね。

良い水も悪い水をも呑み込むと青うなばらの痛み気は無し
It gulps down water whether pure or poison but, oh, that blue
belly of the sea, looking none the worse for it, is good as new!

栗四の 1778 以前の上方狂歌の海は、コレラ以前の日本ですね。大小便をうまくリサイクルしたから「悪い水」をそんなに飲まずに元気だった日本海だった。とは言え、シュールに描いたら海も怖い。1818 年の長風の上方狂歌は別種の青ばらを詠む。

朝夕日を吐く月を呑むと見る青海ばらは恐ろしき物
Dawn and dusk puking up the sun and swallowing the moon,
how terrible a thing is this distended blue belly of the sea!

これは青大将か青女房か、分けにくいが、或る女陰恐怖症の仏人哲学者も思い出す。

書物も現象ですが

物言わず笑わぬ本に向かひいて見れば見ぬ世の人も友なる
Reading a book that neither complains nor laughs at others, we find ourselves befriending people in a world we cannot see!

天象から地へ、地上の自然界を尽くせば、人間の物まで題となるが、鳥連が詠んだ上の首は、1770 年の上方狂歌本の「書」だ。

画讃という贅沢

長生の養生灸が亀の背に蓬が島を不断すえるは　荻丸
That ancient Turtle with a moxa-mountain is alive because this Mugwort Isle of ours just keeps on burning as it does.

絵付の 1812 年の上方狂歌本より。新年の章に見た煙草の煙の輪に駒を走らす摺物の傑作に及ばないが、富士と浅間（複数で moxa-mountains に直すか）がまだ活気で日本は長生きと読めば、大事にすべき歌ではないか。どこかの神社に奉納すべきではないか。「ご笑納ください」に、もう一通りの共訳あります。いつか画賛の別冊を作りたいが、著作権などを集める事はお金がかかるから、現在、夢にも考えない。とは言え、狂歌集にある。

散まじな絵に画く山の桜花たとひ扇に風はありとも
The blossoms of a painted mountain cherry tree are safe, no matter how much wind should come from this fan!

1620 年頃成立の主に本当らしい笑話小集『遠近』に、画賛という題こそないが、「備前中納言詠んだらしい」狂歌である。著名の画賛は少ないが、卜養の「庭鳥を二つ書ひよこを三つ書て歌よめという」という注文に 1669 以前に詠んだ画賛「二わとりと云うもことわり親二つこの子の名をばお三つとや云わん」とは著名。卜養の評判は小難しいから、むしろ彼が詠んだ初期狂歌らしい解りやすい朗らかな歌例を読者と分かち合えたい。

達磨の𢌞に　口のはたにむさくさ／＼と毛が生へて
そゝぼたいとや是を云うべき　半井卜養　1607-78 没
Soso Bodhisattva has such dense hair around his mouth, the lips
might be confused for something found south of woman's hips!

男の毛むじゃむじゃ囲む口元を猥褻までも女陰そっくりと見せた現代の日本の名漫画家の一コマを明白に覚えているが、400 年も先にお医者さんは同じ観測を詠んだ事を夢にも考えなかった。
初期と中期狂歌の橋渡り役の信海（1688 没）の数多画賛は、「竹藪の絵に咲く花に毛虫の有を見」たら（西行詠んだ「花の火を桜の枝に炊きつけて煙に成れる朝霞かな 」を捩る）「花の火を灯すに竹の煙はやけむし／＼と云ふにや有らん」というあほらしいものから「直清方へ竹の絵を書てつかわすとて」詠んだ「溜りやせぬ竹の切節のたまり水すんと濁らぬスミ絵なりけり」という竹林と長年共に住まなければ判らない秀作まで。その醸造しちゃった泡が浮く水を飲んだ酔っ払いぶんぶん虫が顔にぶつかった感覚までも覚えているから「ご笑納ください」に道草たっぷりくった駄弁あるが…。

西行のたばこの煙空に消て鼻の穴より出し富士のね
As the smoke from Saigyo's tobacco vanishes in thin air,
descending from a nostril, Fuji's peak appears there.

1734 没上方狂歌の祖師の貞柳が「富士見の西行の絵に」書いた。

遍照が歌のさまとも言わば言え鯉に心の動く写し絵　貞佐
You may criticize me for being excitable, like Henjo's poetry,
but can I help it if these painted koi (carp=love) move me?

1740 以前に鯉の絵に詠んだが、古今序に遍照の歌の様は「絵にかける女を見て、いたづらに心を動かすが如し」とある。その後の天明狂歌の最高の画賛は、Mad In Translation でトライしたが平行筋で、ここにしない。それが四方赤良の「草履うちの絵に」書いた「打つものも打たるゝものも奥女中 かわらけ成らぬ毛沢山なり」。草履のクロース・アップでしかない絵が鼻の下が長い男の心の中で女同士のセックス・シーンに化けたが、本歌は 1679 年の狂歌大集に再載された 1516 没の道寸の絶望的な合戦直前に、百何人の家来と土器から最後の乾杯した時に詠んだ辞世「打つものも打たるゝものも土器の割れての後はもとの塊」になると思えば、舌を打たない者はなかろう。

On being told to write a mad poem
for a picture of a tobacco pouch with a heron
煙草入に鷺をかきたる絵に狂歌を書けといふに
White heron – coming to carry me off or just to joke?
No matter, stay . . . rest a while, we'll have a smoke.
白鷺は迎ひに来たかたゞ来たか
しばしやすらへ煙草一ぷく

蜀山家＝老赤良には、あの草履の様なやばい画賛は少ない。ただただ楽しい歌例が多い。上記の煙草もそう。1783 の布袋画賛「寺子ども引きたる牛の角文字はいろはにほてい和尚なるかな」もそう。念のため、後期上方狂歌の画賛が多い彦丸の可愛い稚児の嫌な任務を仄めかす布袋画賛「くうこともはこする世話もあらばこそ和尚の腹はそこぬけにして」類が通常。汚い狂歌を許さなかった 1815 の最大門が自慢の狂歌師の下記なる画賛も無邪気で楽しい

江の島の岩屋に七福神のつどい給うかた画きたるに

弁天に見惚れ給うな福禄寿 岩屋は殊に頭あぶなし　真顔

You'd best take care visiting Benten's cave, ye God of Wisdom,
besotted with her beauty, you might hit your egghead noggin!

福禄寿の頭はインテリのそれ。これは、江ノ島に当の岩窟は今もおられば、玄関の前に警告として歌碑にすべきと思いませんか。

文字遊びは二歌例で済む

英訳こそしないが、真顔の名歌「三筋まで山のひたいに春がすみかかるところへ出づる朝日奈」は、素晴らしい。三つ（年月日）ものの春の「春」の字ですね。下記は二番目の歌例の英訳

釣り置きてふりたる網のやれ／＼という間に瓜の一つは丼
When things did not go well lowering a watermelon in a hurry
into the same to cool it down – instead we got a donburi (丼) !

風水軒白玉翁の 1731 以前の西瓜は…だった。もともと「ご笑納ください」のミニ章でしかないから、これだけで歌例の五分の二だ。

写生に狂歌は俳句を凌ぐ

まん丸に寝ん猫じたぞ心よく
夢をもみけのにやんの苦もなく　無為楽 1777
Tongue-out, purring in a peaceful ring, our calico dreams
of no catastrophe, no caterwauling, just good cat things.

快い上方狂歌。素人には猫の写生は最高。何時間もじっとしているし、自分の猫だったら、見られると気づけば、有頂天になる。

飼い猫の綱につけたる碇とも見まがふ花や庭の姫百合
Ah, Princess Lilly in my garden, who can help but view
thy bloom as an anchor for our pussy's leash, as I do!

1815 の江戸狂歌本にある真顔がよんだ庭の描写は、猫舌まで出ている無為楽のにゃんちゃんと異なる。竹久夢二の絵みたい。

あまの川流れてくだる雨を受けて玉の網はる笹蟹の糸
Raindrops overflowing from the Milky Way ye Spider catches,
until her web is so bejeweled Gaia's beauty Heaven matches!
（同じ動画ながら、上は純粋自然美訳、下は儚さを詠む♪）
From Sky River raindrops fall and all can see Arachne spread
a web of stars just to prove even Heaven hangs by a thread

上の西行の歌は秋か無常歌になるが、天大から糸小まで視座を動画の如くに移りながら見る珍しい描写で概念狂歌とも見なす。

小車のわだちの水の涸れ／＼に鰭ふる魚は我を呼ぼうか
From the water in the cart-trail ruts soon to be bone-dry
could those fish waving fins be trying to catch my eye?

何かを見て、単なる写生ではなく心も観測に入れたから読者の心も温まる。いつ頃の歌と思いますか。1310 に出た『夫木抄』で見つけたが、970-84 成立の古今六帖に出た。「御歌魚」が題。詠んだネットにない權僧正広朝の事を知りたい。

白人の肌えハ雪の道のもの踏むたび毎に跡のありけり
The nature of a "white-man's" skin is like a snowy road
where each and every step leaves behind a trail

勝重の 1729 以前の上方狂歌の題：「題白人」は、この白人の目を引いた。読めば三度吃驚。白人は確かに肌は弱い。美人の雪の肌も脆い。これは SM 風のエロスかと先ず思ったが、検索すれば、「はくじん」ではなく「しらひと」は、ハンセン病の患者。解説は「ご笑納ください」に任せます。ここで、これだけ言う。狂歌を広く読めば、期待しない面白い事に出会う。これは好例。

職人と言っても色々いる

第71番職人歌合　いかにしてさのみ立つ名を負う鼓
頭打つまで恋しがるらん　をんなめくら　室町時代
How has my longing grown so strong I beat my own head,
while rumors about me drum through town as I lie in bed!

職人描写ながら、各々職業に寄せる恋歌だが、女盲と云われてもミュージシャン。名を負う⇒大鼓かしら⇒頭。カシラは能の掛け声「イヤー」と音の種類「タ」で打つこと。歌例一つで職人はうまくカバーしていないが、仙人も仲間と思えば、茂喬の 1815 の上方狂歌本の首を見よ。狂歌がジャンルになる前の職人歌合と異なって、恋には拘らない仙人そのものの描写だ。

年ふとも歯は損ねじな仙人は露や霧を喰い物にして
Mountain mystics may be old but all their teeth are there:
I guess that comes from eating just mist, haze, fog and air.

選択する下女まったくない、純粋の仙人ですね。そして、茂喬の 1811 以前の上方狂歌「大小をさした姿も見えなくになどもろこしの人と云うらむ」もいい。のろこしは唐土の人。同時に腰に大小のない事。ところで、人間のタイプは職人も外国人も仙人に限らなかった。上方狂歌には、類ごとの異常者も詠まれた。

隠すべき尻をからげて頭を頭巾で隠す馬鹿ものもあり
There is the Fool, his hem tucked up in arse-bared disgrace,
while a scarf is wrapped around his head to hide his face.

おどけ画三十六歌仙の 1771 年版の『狂歌浪花丸』。精神障害又各種の異常者の画廊だ。顔の表情が少々気味悪いのもあるが、甘ったるいのもある。あんたら、うつけ、また蔵、ぬくすけ等、初耳の者おられば、たわけ、うっかり、穀つぶし、呑みすけ等お馴染みの類もおられる。上記の「馬鹿」は編集者の梅好本人の狂歌。

哲学だと、どういう訳か貧乏になりがち

T20-99 ハ「述懐」　借銭も病もちくと有る物を
物もたぬ身と誰が言うらん　貞徳 1571-1653 T 絵
Though my share of debt and disease may not be a lot,
how can anyone call the likes of me "a have-not"！

一見して思うより微妙な歌で「ご笑納ください」に解釈の少々異なる英訳何通りもある。Lightning Slim が歌ったブルースの名台詞♪If it weren't for Bad Luck, I wouldn't have no luck at all も思い出す。

軒近き隣にだにも訪われねば貧ほど深き隠家は無し
Even the neighbors no longer knock upon your door;
no hermitage hides a man like simply being poor.

新撰狂歌集（1636）にある無銭法師のに歌は本当だ。まさしく。1666 年の変種では、中務承基佐詠む前句は「壁一重隣にだにも」なる。1672 年の本にもう一つ貧楽の利を、元清が詠んだ。

盗人の用心に良き道具には片木の棒にまさる貧ぼう
A wooden cudgel is not the best defense against robbery;
for that, naught can beat joining the club called poverty!

諺にすれば、「用心には金棒よりも貧乏」だが、棒も club し、貧乏会の会も club で、その一致を共訳に利用しました。

事たらぬ身をな恨みそ鴨の足短うてこそ浮かむ瀬もあれ
So regret not what you lack, nor assume you are out of luck:
are there not rapids best crossed by the short legs of a duck?

夢窓国師（1275-1351）の狂歌はやはり気の薬になります。後句は荘子の「鴨の脚短しと言えども是を接がば憂いなる」つまり、そのままは適切。哲学と言えば、

人慣れし浦の鴎もあれぬるに知られぬ者は我が身なりけり
There are even gulls in the bay grown familiar with humanity
yet here is a man it seems I cannot know – and that is me!
（上の二語に四音節あるから長いが下に脚韻もない）
Though even some gulls in the bay have grown tame,
what I cannot know, much less master, is my self.

源俊頼（1055-1129）の種際的な比較。魅力的な歌を、何故有名にならなかったか。七百年後は、「化け物」と題した鈍永（1767 没）の上方狂歌は、俊頼同様に正気そのものだ。

つく／＼と姿かたちを観すれば人より外に化物は無し
Closely looking at the forms and shapes we can see
the only monsters out there are human, you & me!

手紙を交わした Primo Levi は、イタリアの小学生に怪物など想像上の動物の絵を頼めば、期待した型々の多様性がなかった。一様では無かったが、自由自在からほど遠い、限られた範囲内だった。これは、化け物は人の心以外に無い証明になる。

天地を人の前にて動かする大カラクリは酒にこそあれ
In order to move Heaven & Earth before our eyes no device
though cleverly made, can beat alcohol for an artifice!
（古今序にも答えるだけに、二通りの狂訳に値する）
If heaven and earth should move right before our eyes,
the grand artifice behind that surprise would be wine.

上は社雀の 1810 以前の上方狂歌。からくりは哲学でも反省でもないが、我が心あるいは頭の中にあると思えば、心理の狂歌だ。

心理学の始まりは、恋と限らない夢か

とにかくに現にもあらぬ此世には
夢こそ夢の夢にはありけれ　為家（1198-1275）
Let me see, if this world is not for real, then even our dreams
are themselves but dreams within that dream, or so it seems.

無常が重なると可笑しくなる。これは、狂歌だと思う。1671 年の『堀川狂歌集』に如竹は、気持ち悪い夢を詠んだ。

心もて心驚くしめし哉しとのしたさの尿たるゝ夢
A test case of mind surprising mind, well, I'll be!
I just urinated in a dream while wanting to pee.

気持ち悪いも、詠むのが多少は慰みになったようです。寝小は困るが、心理学実験か純粋自然科学的な観測と思えば…。可笑しくないが、あっぱれと言わねばならない。

うたゝ寝の袖に毛虫の這入りて蝶とも成らで夢は覚めぬる
Dozing off on the porch, a caterpiller crawled up my sleeve
and, without becoming a butterfly, I woke from my dream.

この柚人の 1808 以前の江戸狂歌 E5-4 は無意識な感触と夢を結ぶ貴重の証言になる。

つくづくと独り笑みをもしつるかな
在らまし事を想ひ続けて　源俊頼 1055-1129
All by myself yet still I smile, for such is my determined grin
as what must be depends on me, preserving memes within!

夢でない心理は、DB 検索は無理が広く読めば、上のような自己観測に出くわす。狂訳に現在語のミームは、お許しください。原歌は深くて、どうしようかと困った。古語の「あらましこと」は、あらまジ（ありえないも笑むだったら英訳し易かった）ではなく、なるべきしてなるが諦め知らず使命感を抱くような積極的で必死の心理を表す四文字になるでしょう。

嬉しさのあまのみ空に満ちぬれば意図無く神を仰ぎ見る哉
When my joy overflows, filling the sky and all is fine,
I find myself gazing up at the gods without design.

これも俊頼ですね。全く可笑しくないが、まったく期待しない内容の歌を読み、それが自分もずっと前から思った事になると感激です。これこそ神とあるべき接触ではありませんか。とても意外の歌を狂歌か短歌か、ともかくただの「古典和歌」とは思えない。これも名歌でない理由を知りたい。

教訓、それとも老人の狂訓か

あそこゝこに艾の関をすえぬれば病はどこへ出るべきもなし
If we burn moxa here, there and everywhere Qi may pass
will any place remain for my disease to leave at last?

1735 の死後間もなく出た『机の塵』貞柳の絶筆か。本音は灸に疲れたか。知らないが、微笑ましい。教訓というよりも「狂訓」だ。

教訓歌の多くは貧乏苛めか

貧乏の棒も稼げば自ずから振り回しよく成るも世の中
If just the “bou” in binbou sounding like “stick” stayed put
and got down to work, poverty would not (stick around).

福の神祈る間あらば働いて貧乏神を追い出せかし
If to the God of Wealth you've time to pray, work
instead, to drive your own God of Poverty, away!

左の Stick は「棒」ながら、身に「付ける」も stick で狂訳できた。日本語の知らない人に「棒に振る」という慣用も教えなければならない。暇もない貧乏として、こういう教訓は失礼と思うが。一方、右の教訓に 100%賛成です。下記は何の類かよく知らないが、単なる事実で気に入る。失出典。

世の中を恥じぬ人こそ恥となり恥ずる人には恥ぞ少なき
If you feel no shame before the world, brother, you should;
if you feel ashamed, you're really not that bad, but good.

酒礼賛と曲水の描写

とかく世はよろこび烏酒のんで
夜が明たかあ日が暮れたかあ 唐衣橘洲
In this world, punch-drunk as a happy crow, I cawl out:
Has it dawned? Cawsome! Has the sun set? Cawsome!

この気分で生きたい！鳥の擬声 Caw と awesome を組み合わせた。

世の中は色と酒とが敵なり どうぞ敵にめぐりあいたい
Wine & women are called the foes of man in every place:
may I be blessed with many such the better to embrace!

古今東西とわず禁酒や禁色の道徳を真正面からチャレンジする四方赤良の精神は天晴れ！とは言え、新年の屠蘇酒、三月三日の曲水の酒と九月九日菊酒の非難を一度とも読んでいない。屠蘇酒と菊酒は四季部に見た。曲水の酒を詠む歌例を見よ。

詩の韻も踏みわけ難くせかれけり盃はとく過ぐる曲水
It was so hard for me to compose that damn rhyme scheme &
while my mind was blocked the sake cup flowed downstream.

曲水の酒が必ず桃酒かどうか知らないが秀首が数多ある。1672 年の狂歌大集に出た忠直の嘆きを同情します。韻をうまく踏む日本人は珍しい。本当は down-stream ではなく、流れが曲がり回るから around the stream だろうが、字あまりも駄目で…。

川水へ流す鸚鵡の盃にもろこし人の口真似ぞする
The parrot picture on one sake cup flowing with the stream
represents our mimicking Chinese, if you know what I mean.

天明直後の江戸狂歌本に出た海原沖風の歌も唐土へ頷ける。

盃の流るゝ外に浮きみ出し亀も押さえて詠め酔った人
Reading his poem while grabbing a turtle that pops up
by the sake cups floating in the circle-stream, a drunk.

1810 頃の江戸の狂歌本に出た上方風狂名の玉亭角丸の歌は、純粋和風の無作法の場面は見苦しいが、詠まれたが微笑ましい。

酒の名を聖と負せし古の大き聖の言のよろしさ
酒名乎 聖跡負師 古昔 大聖之 言乃宜左

♪A Traditionalist to a Prohibitionist♪

The ancient sages called wine "Saint",
so, how can our Age dare say it ain't!

万葉集に遡る酒の是非論の和歌は狂歌っぽい。上は、大伴旅人（665-731）の酒十三歌の初首。古には酒をひじりと称した主張の行間に「酒は困ると言う連中、これを聞け」と言わぬばかり。狂歌に通じる大胆の態度だ。

賢しみと物言ふよりは酒飲みて酔泣するし勝りたるらし
You can try to talk your way out of the blues, but few can;
it's better to drink until you're drunk and cry like a man.

物思いなどを脱出するには、理屈よりも涙は効くし、酒飲めば泣きやすくなる理でしょう。

あな醜賢しらをすと酒飲まぬ人をよく見れば猿にかも似る
♪A Red-Faced Riposte to Wrinkle-browed Teetotalers♪

How unsightly those men too damn smart to drink;
they look far more like monkeys than they think!

十三首の中で最も新奇で狂歌そのもの。上戸の酔いの赤顔を「猿」と囃した下戸への仕返しに、皺の多い猿の額を思い出せば、お前こそ猿だぜ、とは見事！

この世にし楽しくあらば来む世には虫鳥にも我は成りなむ
This is my life, so if I can but have my fun,
I'll gladly be a bird or bug in the next one!

酒は聖だったとは言え、仏教には悪ければ、その報いも覚悟だぞ。この軽み抜群の和歌も狂歌と思う。

下戸弁護に上戸非難

四かるべきその人柄も杯に向かえば変わる人の面影　卜養
What is a man without character? Yet, within a sake cup
another person altogether is all too often looking up!

万葉集の世では、旅人の相手に下戸ないし宗教上の理由の禁酒派の存在を想像するが、自ら詠む反酒歌は和歌に見た覚えがない。初期狂歌には上戸＜対＞下戸の傑作なる歌戦がある。同時同場の歌合せたではない。上戸の狂歌師沸斉が先に下戸を馬鹿にする数え歌十首を出したら、後に下戸の藩医の卜養が一つずつの反上戸歌で応えた（だろう、サインはしなかったが卜養風で彼だと思う）。上の一首で、反下戸の方を見ないでも、歌の良さが判る。の確認もできなかった。詠むと確かに彼らしいが。後は、結論なる第十番の＜対＞の一つ例にする。狂歌は旅人の十三歌に比べて激論になりがち。左は沸斉（蛇足：勿は餅の事）で、右は卜養。

十分の上にも 酒は飲めもせん　勿の過ぎたる後は 食傷
Having had enough, a drinker would drink more sake yet;
With sweet-rice cake, overeat, and sick of it is all we get!
<vs>
十分の上に跡ひく酒のみは　度重なれば後は内損
Drinking until full and then some decimates a man inside;
Done over & over, it leaves you no body in which to hide!

下戸の肩を持つ酒の危なさを綴る全十首を掲載する 1984 年出版の『江戸狂歌』（参考が篠原文雄著『日本酒仙伝』）著者は、アル中患者などお治療したなだいなだ医。氏は曰く「こんな説教歌があるのなら、ぼくが説教などする必要はない。ぼくは、その日から、患者をみても説教をするのをやめた」。現在は、酒よりも餅の損害が多くなった世の中には両論も丹念に読むべき。古狂歌気の薬のシリーズに酒の別冊、勿論、予定ある。

心地のよいお酒の狂歌三首

酒呑みて酒の地獄へ落るとも酔た心は仏なりけり　貞堂
Drinking alcohol, though one falls into the Hell of over-drinking
the drunken state of mind seems Enlightened I am thinking.

上記と同じ 1740 頃の上方狂歌本にある「百薬の長と云えるも酒なれば薬茶碗で呑むも又よし」と 1759 年の上方狂の米因の「初時雨ふるは上戸の楽しみと思うは酒のかんな月ぞや」も愉快。後者の神無月の新奇なる英訳無理の掛詞、神＝燗には脱帽です。

今日一日心は花に身は酒に任せし筵ひらく木のもと
Today, all day, my heart goes to the bloom, leaving me
and my body to wine on this mat below a cherry tree!

1815 以前の花見で心と身の西行風に分けた江戸狂歌は、餅をよく詠む下戸かと思った大師真顔詠。名歌になるべきと思う。

酔心よい君が代の酒盛に樽もころりと苔のむす迄
We feel tipsy all the time in my Lord's Reign long may it last
until moss growing on empty sake barrels marks times past.

1811 以前の桃々舎南方が詠んだ上方狂歌の「寄酒祝」。旅人の酒賛には、君も代もない。泰平を自意識、自慢、しかも感謝した鎖国時代は、今の激変の毎日の不安の中で乾杯したくなる。

煙草も狂歌の十八番が吉原三っぷく

タバコは四季など随所にあるし、古狂歌気の薬の別冊にもなるが、飲と食の二章の間に、一ッぷくの間に三首をみよ。いずれも宿屋飯盛編 1816 年の『吉原十二時』の酉時になる。小枝の「雨となる下地なるらし吸い付て出す煙草に雲を起こすハ」何故なぜ物語。右(石？)蝶の「せんにんの嘗める口とて吸ひ付てくれし煙草も霞ふくさま」の千人＝仙人の皮肉は堪らない。理也の「吸ひつけし煙草のけぶり麻葉にて痺れて立てぬ客の可笑しさ」は…「昔アッタ」と日本人のヒッピーに言われた。やはり。

食物は鯨に鮨にスキ焼に鴨

突きあげて千々に物こそ嬉しけれ
我が身独りの鯨ならねど　次重 1672
My 'poon strikes & up he floats, no greater joy was ever known,
though it can hardly be said that this here whale is mine alone!

「百人一首」の歌＃23 になる大江千里の「月みれば千々にものこそ悲しけれ我が身一つの秋にはあらねど」をもじる次重の首は後期江戸の題林にも再載された。薬喰に重なる冬の初鯨傑作だ。銛 Harpoon の省略は現代以降。

逆鉾の神代は知らず鯨突きモリを下ろせば浮かぶ七里
Even the gods w/ said jeweled halberd knew not how to throw
a harpoon down to stab a whale and keep seven towns afloat.

1812 年の青峨の上方（浪花）の狂歌だが、千々は古里のみならず隣の町々まで及んだ。チベト仏教信者ならば、こう詠んだ「白子より鯨を殺す罪の軽さ万人救う魂一つ」。

鯨の汐吹かた描きたる画に for a painting of a spouting whale

荒海のいかれる魚も吹き出だす其しほの目を見れば優しき

Even crazy fish out snorting spume among forces elemental
when we gaze into their eyes, what we see is very gentle.

小鯨類つまりイルカと育った敬愚には、武士八十氏が詠んだ天明狂歌の観測は有り難い。鯨に関心あるが、「ご笑納ください」に梨と柿の歌例が多い。残念ながら何十対の贈答歌やお見舞いの文の中から幾つかの歌例を択ぼうと眩暈します。日本人に読ませて「絶対これこそ面白いよ」という声を聞きたい。体温同蒸し暑いマイアミの小屋に居ながら、社交歌を一人で…無理です。菓子も十首ほどある。卜養の 1669 年の小家集に詠む「黒こまのかけて出でたる餅なれば食う人毎にあらむまと言う T31」はむまい歌例の五、六首の一つ。二つには、東山の 1815 以前の上方狂歌「饅頭のおぼろハ月と食い違い中に隠したあんの黒ん坊」。やはり可笑しなお菓子歌だ。

買う人をまとにも狙う鮨売は鉄砲巻の海苔も持ちけり
The sushi sellers think of customers as targets and take aim
w/ teppou-maki (nori-wrapped muskets) it's in the name.

この文昌堂尚丸の首と同 1855 は江戸狂歌本に「紅毛の登城の下馬に売る鮨の刻みする女も紅き縮れ毛」もあるが、意外の事に初期狂歌にも鮨を詠む首が多かった。1666 年の初多人詠狂歌大集に「釈教魚といふ事」を詠んだ長好の「仏にハまだなまなりの魚の鮨菩薩界まで押しかゝりたや」と 1672 年の同種の本に「福嶋雀鮨を」詠んだ恵立の「口のうちには（歯＝羽）音の高く聞ゆるハ喉を飛び越す雀鮨かも」でお解かりになるが驚きも多い。鮨大好きだし「ご笑納ください」に数十首あるかと思うが、只今毎週同じごく限られている食べ物の材料を買う貧乏暮らしで、涎をたらしたくないから、百姓のすき焼きと鴨一羽で終わらせて頂きます。

田を荒らすしゝは嫌えど百性も薬食には誰もすき焼　活水
Even our peasants, who hate the boars who ravage their crops,
are happy to eat shovel-roasted medicine and lick their chops!

我が畑が荒らされたら、罪意識もなく殺生し食える肉も便利。同 1820 の上方狂歌本に河童の「買って来た値も百性が薬喰ころり一人は余程すき焼」は情報一杯。これなど読む歴史家は狂歌をも余程好きになりそう。「買って来た」ところが、薬食いの章で見た店か、狩人か、他？一人前のお持ち帰りはファストフードみたい。

ある人のもとより包丁せし鴨を恵まれしを食うべて
料理と言いとりわけて良き味鴨や羽は見えねど咽を飛びけり
Properly carved, naught foul was left in your well-spiced duck:
not one feather did I spy though it flew right down my throat!

栗飯の 1811 以前の上方狂歌の「取り分けて＝鳥分けて」良き掛詞と我が好物の組み合わせは素晴らしい。鴨も何年ぶりですが。PS。伊勢や百人一首もじりに食いしん坊が多い。居酒屋の人が狂歌と本物を合わせて見たら面白いかもしれない。

神祇

神祇は叶わない感謝より

ねぎ事をさのみ聞きけむ社こそ
果はなげきのもりと成るらめ　さぬき
Visit a shrine where not one supplication was ever refused;
and you will find its sacred grove surplanted by the blues.

905 の古今集#1055「さ」は「のみ」を強調する。「あれだけ」の意味。「聞きけむ」は聞き入れる、即ち叶う。「嘆き」の同音語は神々しくない投げ木の森＝盛つまり植林ないし「杣」なるが、数多祈願を叶えば、むしろ人も神も終に困ると。叶わぬも神に感謝すべきですね。「ご笑納ください」は詳しいが、まさしくそう主張する country music 曲（Thank God for Unanswered Prayers）はある。さて、下記の題は「争恋」Competing for Love。

露涙我も／＼とこぼすともこちへ結ぶの神のおめくみ　月洞軒
“Let it be me!” “Let it be me!” Plentiful as dew these tears we shed
hoping the Goddess scoops up my heart and not a rival’s to wed.

神達にとって何よりも辛いものが美人。いや、本人ではなく、美人を望む祈願だ。大勢も禰宜すれば皆も叶う訳ない。求愛の次元を変え、神との祈り争いにする元禄の月洞軒の無名傑作。

とけやらぬ人の心は辛からで結ぶの神を恨みつるかな
I do not mind that her heart won't untie (=open) for me,
but begrudge ye lazy gods of hymen who tie us up only.

君が心いよ／＼我にほどけぬハ結ぶの神を祈り過ぎたか
Can I not manage to untie that hard knot that is thy heart
for praying too much to Gods to tie us up from the start?

誓てし縁を結ぶの神ならバほどかせ給へ妹が下紐
If you are, indeed, the god to whom I prayed to bind us for life,
why not just untie the string on her undies to give me my wife?

上は藤原伊行の 1310 の夫木再載の歌までも遡る数多歌例ある系譜だ。中は資之の 1787 年の上方狂歌本より。右は三十軒半徳の 1813 の江戸狂歌本より。『古狂歌 物に寄する恋』に変種が多様。

皆人のこうべにカミのましませば
額を抜きて鳥居とや見ん　深山奥住 1793
If the gods=hairs graced everyman's crown, then, honestly,
we might try hollowing-out our foreheads to become torii!

四こま漫画顔負の江戸狂歌。この想像力は、今のアニメに見当たらない。「ご笑納ください」には、月代の狂歌の脱線もある。

千早ぶる社頭を見るにゆふしでの紙より外の神ぞ無かりき
From what I can see of the Shrine's powerful and sacred facade,
there are no kami=god/s but zig-zag kami=paper/s man-made.

1649 年の「吾吟我集」に未得が詠んだ「神祇」部八首の一つ。髪と紙を交じる木綿四手または紙垂は、かのぎざぎざのジグザグ形のさっぱりしたカミ飾り。神＝紙の縁で月給の塵も OK となった歌徳説話の式部も狂歌の内になるが、「神ぞ無かり」は更に大胆だ。欧州でその事を冗談に詠んで殺された。

あたま剃る仏法はいざ正直のこうべはかみの宿り所よ
It is Buddhist law that makes us shave our heads – so, where
will gods=kami=hair found on honest crowns live if not there?

日本は寛容が神＜対＞仏の所もあった。神＝髪を念に、仏教の仕来りを軽く叱る路竹の 1815 以前の上方狂歌である。

生臭き恋をも祈る神なれば御前てとるもみくじらぞかし
If you seek a god to whom to pray for raw love beyond the pale
mikuji should do the trick – they pun bloody well with whale!

1666 年の「古今夷曲集」の編集行風は坊さんで許したか。御神籤をどの動物よりも血合いが凄い鯨に掛けて、生臭い恋を詠む。生理中かまわぬか発情中の猫か恋鹿を欺く恋人同士か知らぬが。

氏子ども我を取らじと神前にかくる絵馬も比べ馬かな
Drawing votive horse-tablets by the altar, the children's faces
come alive: "Take mine!" "No, mine!" Call it Ema horse races!

政栄詠んだ神祇歌は 1679 年の行風編の第三狂歌大集に出た。その三十九首の中に且保の「宮すゞめ山田にむら／＼集まるも銭を礫に打てば退きけり」も面白い。物乞する貧乏の子だと思う。

神の代に鶺鴒の尾の動きしか動かぬ国の固めとぞなる　木端
That motion of Wagtail's tail teaching our gods how to mate
solidified us into this country, a real steady-state.

1750 年の本にある上方狂歌の大御所の「神代の巻を見て」詠んだ首だ。祝い本の「動かぬ」国と御代の系譜に入る。日本語ある英語ない「地を固める」概念が苦手で、物理学の用語にした。

二神の教えを今も精出して儲けたかねに子をうまし国
Two gods taught us how to screw & our country is still blessed
to be where the money we earn working hard bears interest!

1812 に出た上方狂歌の本に空丸は早々、安人の「寄噺神祇」と題する 1804 の江戸狂歌本にある「八百よろづ万の神のかみ分けてかみしめ給う此うまし国」を弄んだ「うまし国」の派生歌か。安人の私的祝いに対し、空丸は商人の利子を生む欲張りを後ろ盾にする国祝にする。一茶も少し遅れて、文政七の句帖に「日の本や金も子をうむ御代の春」を、また次年の中七を「金が子をうむ」と同じような祝いを作った。狂歌は時勢に敏感のようです。残念が、英語の利子 interest に「子」こそない。

伐り刻む仏と違い神木は其まゝ貴き国の生え抜き　牧笛
Unlike Buddhist statues carved up from what is cut down,
our Divini-trees are native and rooted in sacred ground.

1809 以前の上方狂歌本の「寄木神祇」歌。Divinity＝神性と tree を組んで、新造語です、わが divinitree！思えば、神道と狂歌の良さを双方とも明白に表す歌です。

釈教

釈教は釈迦の反省から始まるか

嘘をつき地獄に落ちる物ならば
無き事作る尺迦いかゞせん　一休

If we go to Hell for telling lies about what is & is not:
how did Shaka get away with making up all that rot!

無き事を作る事で小説を著した紫式部が非難されたら、釈迦は？下記は一休との問答よりも、歌合戦の平等の相手の親当の対歌だ。

極楽や地獄があると騙されて喜ぶ人におじる人々
Fooled into believing Heaven & Hell are not fake,
some people rejoice and some people quake.

ただの事実ながら。大事な事実だ。狂歌として、遊びが足らない。完璧過ぎるが、脚韻のお陰で狂訳に原歌にない余韻もある。

念仏を強ひて申すも要らぬもの若し極楽を通り過ぎては
With prayers, pushing them too hard may prove unwise;
I'd take care if I were you, not to overshoot Paradise!

『狂歌大観』の中に見た覚えもあるこの歌の出典を失くしたが桃水和尚は 1683 没の方でやはり初期狂歌にちがいない。ともかく、これを読めば、四季もうるさい日蓮のお説教よりも隣の数珠のせみ時雨！に獄門されたから、直ぐファボウになった。

極楽は十万億土はるか也とても行かれぬ草鞋一足
Paradise it lies a million leagues yonder, that's far away:
with just one pair of macrame straw sandals? No way!

この一休の歌の再載が多いが、桃水和尚の歌の方が上と思う。

西方を目当にすずの玉々も念仏は楽の種が島也
Prayer beads are musket balls shooting outward in all four
directions – veritable seeds to grow paradise not make war.

この 1666 以前の狂歌も凄い。一休を読み、後なる狂歌の同じ生意気な主張を無視する日本人の態度は判り辛い。

極楽の金座敷は尻ひえん只行べきは地獄釜ぞこ　理西
The golden dais of Paradise, they'll surely freeze my ass;
'tis better I go to Hell and get warm in a stewpot fast!

1666 年の大狂歌集に出た寒がり屋の釈教歌も微笑ましい。一方、1679 年の第三大集に出た下記の歌は、いかがでしょうか。

寝覚にも思ひ出して床敷は彼極楽を恋の病か　正恵
So you wake up thinking of it as you lie alone in bed –
could paradise, like being lovesick, be all in the head?

一語で言えば、深い！恋の病と見立てる宗教のが新奇。押しがましくない、自問の「か」も、たまらない。

今生はおっとりをいて目に見えぬ後世を願うやそれぞ大欲
To think little of life now and instead wish for things unseen
in the next world is a form of avarice beyond the mean!

身を投げ込むまで後の世を求む仏教に対する 1679 年の狂歌大集に出た一飛の常識でしょう。ヘンリ・ソーローは、死に際の煩い牧師に言い残した言葉 One world at a time 一度に一世は良い。

極楽も地獄も生きている内ぞ 死での後は何が有るべし

Heaven or hell, one thing is true:
You cannot take them with you!

二十数年前一茶の日記に見つけた空翠（1763 没）の碑歌。上記の英訳のおかげで、狂訳する自信が身に着けたが、釈教歌ですね。

罪重き我をば救ひ取り給え阿弥陀仏の力ためしに　貞富
How about it, Amidabutsu, why not test your powers to see
if you just might not be able to save even a wretch like me!

1672 の二番目の大狂歌集より。悪党こそ救われるという教義を茶化すか、ただ自分の為に詠んだか。生意気か、真面目か、双方か。

み仏の舌の長さぞ知られける産声にまで唯我独尊　繁雅
The dead are called buddhas and speaking of long tongues,
crying-out to all at birth: "Admire me alone!" is dumb.

この 1815 の上方狂歌は、この発想の最初の例でもないが、我が好む方です。自画自讃する仏を気に入らない日本人が好き。このような文句はたくさんある。「ご笑納ください」に五首あるか十首あるか覚えていいないが。

本来は野良猫なれや三界の家を離れて一物も無し
Is woman by nature a feral cat to be treated like that –
leaving home in three worlds w/ naught to her name?

1679 の三大狂歌集に言因（まだ若い上方狂歌の祖師貞柳）が詠んだ「女三界に家なし」の発想を「釈教」部に出た。「亡母孝養の一夏九十首」の夏書の為であるが、それを支持した仏教を問いと思えば、狂歌の特別な価値も、これで明白になる。

人も喰う報いか虎の身の果は地獄へ落ちて鬼の褌
Is it bad karma tigers get for eating us that makes them
fall into Hell and end up as the loincloths of demons?

言うまでもなく、茂喬の 1815 以前の上方狂歌は、可笑しい。思えば、報いというと殆どの歌も可笑しい。

いか計り海老を取り喰う報ひあらば終には老の腰や屈まん
If we must pay for each shrimp we eat, then in the end,
is it any wonder that with age our backs must bend?

これは、1666 年の大狂歌集に出た沢庵和尚の名歌だ。同様な反省歌っぽい報いの述懐は事欠けない。

わしの山いでにし人は世の中をことごとく我が玉子とや思ふ
Those men who went forth from Eagle Mountain do not beg;
they think the whole wide world is nothing but their egg!

若き四方赤良が巴人として詠んだこの釈教歌は「寄玉子釈教」が原題か、我が発想か覚えていないが、鷲山は釈迦が蓮経を教えた場所と云う。蓮経だと天台・日蓮・浄土宗のもの。世界が我が物顔をするのがわし＝私の物と掛けたようが、シェイクスピアーの世界が我が牡蠣を知るはずなかった赤良はよくも詠んだ表現。わが信仰の正しさを厭になるほど主張する宗派批判か。

夏書する人も天にや生まれなん筆を坊主とする功徳にて
Someone who copies sutra during the summer should be plunked
into heaven, reborn for the feat of turning brushes into monks.

「報い」の歌は必ずしも悪い因果ではない。雨風詠み『狂歌題林』で「夏書」が題で夏部に入た上の歌は、おめでたい。しかし、日本で天に生まれるという発想は、これで初めて！欲界の第六天に他化自在天でここに生まれた者は、人の楽しみを自由に自らの物とする事ができると云う。

鬼の恩仏にくわっと勝りけり地獄を恐れ悪事なさねば
We’re indebted to demons, not Buddha, if the reason why
we refrain from doing evil is fear of Hell after we die.

身の塵を吸いとらせんと騙し手に琥珀の玉の珠数や爪くる
Pretending to suck up impurity from the body for his grub
he chants a sutra while prayer beads made of amber rub

左、1679 年の三大狂歌集の酒粕の狂歌の理の IF には実験できるが反論は無い。右 1666 の実久の狂歌はシャーマン治療そっくり。

皆人の若し成仏をするならば地獄の鬼や飢え死なまし
If everyone were to become buddhas with their last breath
Wouldn't the poor devils in Hades slowly starve to death?

実利は糞食らえ。1666 の大狂歌集の鬼の状況も見過ごせまい行好の心こそ仏教の姿かと思う。下記は微妙が、同じでしょう。

罪あるもあらぬ人をも生きながら
鬼は蚊ほどによもや喰うべき　宗朋 1666
People whether or not they commit sins are all eaten alive;
demons must eat and, as mosquitoes, spread the burden wide.

一茶は線香も屁もしない無為を嘆く何句も作ったが、一休、或いは笑話の「一休」の下記の狂歌も気配りが宜しい。

この世にて慈悲も悪事もせぬ人ハさぞや閻魔も困りたまわん
In this world it seems there are folk who do nothing good or bad
how hard that must make it for Emma, who takes the tally

1679 年の第二大狂歌集には、貞柳のお父さん藤原貞因が他愛主義をとことんまで運んでしまった。

願わくば我後の世は鬼と成りて地獄に落つる人を助けむ
My wish is that in the Other World I may a demon be,
so falling into Hell I might help others escape misery.

すると、この鬼に親切するを勝つに、鬼になり人助け献身比べのチャンピオンの息子と共に信海の弟子だった黒羊か悪太郎ぶりの月洞軒は十数年後の元禄三年の「題しらず」にこう詠んだ。

我死なば地獄の釜の底からぞ此世で落ちぬさまを落とさむ
If I should die, then, from the bottom of the cauldren in Hell
you bet I'll do my damndest to make you/her fall in as well!

父が地獄へ行っても助けたいと、共弟子が上記の酷い事を詠んだ間にかの亡き母の孝養歌中に繊細な良い子貞柳は又下記を

罪料の重い軽いと聞くからにうゐ天秤と世を見しけり
To hear our sins called heavy or light, I cannot help but see
this world is less Dewdrop Inn than a jittery pair of scales!

この「うい」は複雑で「ご笑納ください」を参考にして。ともかく、その天秤は dharma scales でいいと思うが、形容詞 jittery 即ち露の玉の宿（英語の同音語の重なる掛詞の寛容 dew-drop = do drop と drop in ⇒ Inn）より繊細でじっとしない天秤だ。

後の世を知るも知らぬも町人は仏の肌ゑ願わぬぞ無き
Whether they are or are not interested in the world to come,
in that town, the Buddha's gilt skin is desired by everyone.

欲と言えば、色々ある。上方の宵眠が 1795 以前に詠んだ釈教歌だ。

屁なりともあだなるものと思ふなよ
ブツといふ字は佛なりけり　仙崖 1750-1837

Who says a fart is but empty air, cut one and it goes
'butsu!' – now, if that is not our Buddha, who knows!

仏と屁を一体した歌が多いが、積極的にした歌例は少ない。その陽気な姿勢のおかげで仙崖は八十八まで生きました。

死んでから仏に成るは要らぬもの
活きたるうちによき人と成れ親当（ちかまさ）
Anyone can be a buddha after they are good and dead:
what you'd be become while you are still alive, instead!

＜VS 対＞　死んでから仏というも何ゆえぞ
小言も言わず邪魔にならねば　　　一休
So, why are we all called saints (hotoke) after we die?
We neither complain nor get in the way, that is why!

我が読解は正しければ、親当の道歌風の教訓と異なる一休の歌が次元の高い狂歌の笑だが、歌を日本人の知人に見せたら、解釈に賛成した者は一人もいなかった。困ったよ。読者諸君は？因みに、三番目の大狂歌集の「無常」部に、下記も参考になる。

あら惜しや／　＼と身をば惜しむや
死んでは人の物も言わねば　毎雄　1679
Oh, I regret it, I regret that I must die, for once I am dead
they will talk about me, when I'd discuss them, instead!

一休の派生歌で参考になるかと云う気がしますが、歌意に自信ない。英訳三通りもある。改造版できるまで正解も知りたい。

辞世

この世をばドリャお暇と線香の
煙と共にはいさやうなら　十返舎一九

Guess it's time to blow this world if I may take my leave
one joss stick burning so the smoke will carry me away!

最も美しい辞世だ。狂度の最も高い辞世は、1666 年の大狂歌集などによく再載されている俳諧の連歌師なる宗朋の名絶筆だ。

ほつくりと死なば脇より火をつけて跡はいかいに成して給われ
My dropping dead is the first verse, for the next, just light the hair
in my armpits & as I turn to ash, my soul will haikai everywhere!

「ほつくり」は「発句」をうち掛けながら「ぽっくり」死ぬだろうが、脇毛は凄い。火つけるには現実性ある。メーヒコの伝説女流美術家フリター・カーロの火葬の場合髪の毛になった。

宗鑑はどこへと人の問うならバちと用あってあの世へと言え
If anyone should ask where old Soukan went, just say
he had business in the other world and couldn't stay.

狂歌本を読めば、やっと判った。宗閑「と云う人せなかに腫れ物の出でて身まかりける時によめる」。それが「癰瘡（ようそう）」と言う。だから「用あって」！やはり狂歌は勉強になる。

餓死にも又酔死にも打ち死にも恋死もいや死なば空死
I'd not die drunk, of starvation or fighting die in action
nor from love, but if I must, I'll do it like a possum!

本当の辞世かどうか知らないが、1533 年前に山蒼斎が詠んだ。

親も無し妻無し子無し版木無し金も無けれど死にたくも無し
I have no parents, no wife, no kids, no galley-blocks, no money
and no desire to leave this world, so my dying is not funny.

国を救う為に長年の痩せ我慢ながら研究の成果が当局に抑えられ泡に消えて、敗れし心から 1793 年に亡くなった林子平の名辞世。しかし、近代歴史家に、貞柳の 1830 頃の狂歌「親も無し子も無しさのみ銭も無し望む義も無し死にとうも無し」も知るか。

碁なりせば劫を立てゝも生くべきに
死ぬる道には手も無かりけり　聖本因坊家
Were life but go, I could live longer by resorting to koh;
on the way to death there is no saving move, so I go!

1623 没の碁の聖。このような辞世も初期狂歌大集に入る。内容はやはり狂歌です。日本人は死ぬ前にいきなり勇気と遊気にあふれる。本当に不思議です。名歌でこの碁の辞世の変種も多い。

今までは下手が死ぬぞと思ひしに上手も死ねば糞上手かな
I always thought dying was just something the untalented do
but when a man of talent dies . . . we're good at dying, too!
（「糞上手」は英語にないが、掛けてみれば下記になる）
'Til now I thought dying was for nincompoops beyond cure
but if poets really do die, I bet we make better manure!

川柳より早く風俗の句集を編んだ 1715 年没の許六の辞世。『俳家奇人談』で「下手ばかり死ぬる事ぞ〜糞上手なり」だ。

死ぬとても何が惜しまん丸裸天上下唯我独身　栗毬
So, what is bad about dying when we get naked and finally
can boast that in all heaven and all earth there is just me!

1780 以前の辞世。釈教で見た幼子釈迦の気持ち悪い自慢を裏返し、気持ちよく扱う。1779 年八十五歳で他界した丈石の狂句「極楽に誕生日は今日なれや」を思い出す。同 1779 年没の儒学者で俳諧出身の上方の狂歌師桃縁斎（又芥河）貞佐の辞世は

死んでゆく所ハおかし仏護寺の犬の小便する垣のもと
After I die, my final resting place seems funny even to me:
under the hedge where the Butsugo temple dogs pee.

禅師顔負けのハードボイルド。下記の白鯉館卯雲（1783 没）の辞世も現実だが、死ぬ前の状況で前向きタイプと異なる。

食へば減る眠れば覚むる世中にちと珍らしく死ぬも慰み
Eating, I lose weight, feeling tired, I wake up, good grief!
This may seem rare if not odd, but dying will be a relief.
（上記は食ても痩せてちゃう下記は食うもどうせ減る）
Eating we still get hungry and sleeping wake up still here,
but dying is too rare to bore and brings relief if not cheer.

後期江戸の二人の著名人の現実派の辞世を見よ。誰でしょうか

生くること難しと知れど死する事また易からず思ほゆる哉
Living is hard, that I already knew – but dying, too,
I've come to know is hardly an easy thing to do!

死んでゆく地獄の沙汰はともかくも 後の始末は金次第なれ
Passing through Hell? I don't know about that – but, first
you'll need some money to dispose of me on earth!

左が、良寛。右は広重。いずれも陳腐と新奇を見事に結ぶ。駄弁は「古狂歌 ご笑納ください」に負かす。

笑ひ草のこさんよりも常々に挟持おきつれ今は苦も無し
Rather than leave a poem that people might laugh at I wrote
this one early and set it aside, so now I can die – composed.

江戸時代の日本だと、歌や句と縁も無い人までも、最初で最後のポエムを辞世にひねり出したようです。句作か歌詠が苦手、しかも真面目の完ぺき主義者の人は、代詠みか盗作で用を足さなければ安らかには死ね切れなかったか。1791 年かその前に用意された六十九歳没の十ロの辞世は中々利口かと思います。

天明中　鶴もいや亀もいや松竹もいや
只の人にて死ぬぞめでたき　賢明の若者
Who would be a crane, turtle, pine or bamboo?
I'm happy to die as soon as humans usually do.

箒立て草履へ灸をすゆるとも千秋万歳われは長尻　同人老
Burn moxa on my sandal soles & turn thy brooms upside-down,
but hell if I don't want a thousand good years, I'd stay around!

同じ人物が詠んだ双方の狂歌は辞世ではないが、辞世になってもいい。若き赤良の達観と老の蜀山人の誠。死を惜しまずに頂くも、拒否し長尻せんとも尊敬できる。武士だから後者は、間にうけるべきかどうか知らない。自嘲なる可能性もあります。

哀傷

哀傷にユーモアも？

岩戸やぶる手力もがも手弱き
女にしあれば術の知らなく 手持女王
Oh, for strong arms to break in that cave door – I am his wife,
but as a weak-armed woman, cannot bring him back to life!

1980-90 の東京の通勤電車に立ちながら、岩波文庫の万葉集を完読中に笑い出した歌だ。中西のくどい読下しと渋い注釈にない、自分で見出した哀傷歌のユーモア。長い説明と五通りの英訳は「ご笑納ください」にあるが、1826 頃の退屈の江戸狂歌本に天明狂歌名人米人の一首は参照にご紹介します：「遊び女がか弱き手にも大江戸の金を動かすよし原の里」。万葉の哀傷歌に詠んだ方のお名前も注目に与えるという訳です。「古今集」の間接的証拠、

泣く涙雨と降らなん渡り河水増さりなば帰りくるがに
May my tears fall as rain to flood the river we all must cross
so she will not pass but, coming back to life, belie our loss!

小野高村詠んだ歌#829 は、哀傷歌巻の冒頭になる。無論、涙の量を極める表現で作者の悲しみを伝える。三途川を涙の供水で広めば渡らなくなり、死出の道を遮るという仮想を当時の人も文字通りに信じたと思わないが、愛する人が亡くなると存続者は痛みながら、微笑むが気の薬になる願望歌です。

お乳の人の死んだと云うにはっとさて
乳の上がりたる心地こそすれ　信海 1688 以前
Thy wet-nurse died they say but my eyes stay dry, I mean
what a relief it is to know that you are finally weaned!

心理上やっと乳離ですね。江戸時代の本物狂歌の哀傷情けないユーモアですね。女嫌い＝男色の坊さんで、乳母への気持ちは複雑だった。念のために、信海には更に酷い（惜しかった）稚児の「哀傷」歌あるが、好奇心あらば「ご笑納ください」を。

愚痴なれど返らぬ事を南無あみだ仏／＼／＼言うて弔らう
Grumbling stinks but "namu-amida-butsu(boo!)-butsu(boo!)
boo!-boo!" if he never comes back, it will console me, too!

信海の約八十年後。上方狂歌中期の 1753 年以の本に馬鹿正直の首。「父羅人身まかりし。。。周忌に」と。詠む人は紅圓。

南無阿弥陀ぶつと云うたが最後屁や無常の煙の悪くさうなり
Namu-amida-butsu sounded like a fart but, alas, no joke,
it stank, as will the last proof of my passing, smoke!

上の度量の 1787 以前の上方狂歌の臭さは、屁の上に火葬も仄めかすかと思えば「ご笑納ください」に三通りの脚韻訳もある。

幼娘疱瘡にて身まかりける悲しさのあまり詠める
疱瘡のからくり人形かたづけて可愛や娘箱へ入れたか　路芳
Folded up and stored away, a puppet marked by pox
our sweet little girl, have they put you in a box?

1796 以前の上方狂歌。かの本に遊びに出そうの狂訳も二通り。同本に路芳が詠んだ、下記もある。前文あった方がいい。

ある人の愛子金三郎といえるに、予化け物はなし等して
遊ばせつれば、いと戯れつるが、五才という年の冬、身
まかられければ、其たらちねに詠みて贈る悼みの歌、

金さまをのばす寿命の無きぞ憂き狸を話して聞かしたに
How sad the life of thy boy, Gold, could not be stretched out
despite his having listened to all I told him about tanuki!

本当かどうか知らないが、狸の睾丸の皮を鎚と金の間に置いたら金箔は偉くのばせる事は江戸時代の常識だった。

また飛ひぬ女とおとあはれぬししらし死ぬれは跡をとめぬ人玉
His woman dies and off she flies – once again, she has no master…
nothing stops the human soul; pity her spouse, sad to outlast her!

未得の 1649 年の『吾吟我集』の回文です。清濁はないと読み難ければ、英語では回文は無理が読みやすい狂訳だ。

玉の緒も馬の尾に似て切れぬれば哀れ胡弓の音も聞こえず
Japanese lack "heart-strings," a soul is what is strung "on a thread"
and being of the fiddle ilk, when it breaks, the music is dead.

天明狂歌の手柄岡持の歌は楽器の故障か哀傷の比喩歌のどれか。

哀なり筆に成りても 鹿の毛のりやうしの上で 終に果てぬる
the hair of this deer became a brush & slowly wrote itself away
'til bald & shot it dropping left just these words on paper to say

初期狂歌以前にも遡る著名の歌で拙訳は、それぞれが変種をなんとなく合わせてみながら、猟師＝料紙という関心の所の換わりに終わらないポエムを創りました。だから大文字でない the から一応始まる。

年頃飼い馴らしたる斑犬の病にかゝりて
死なれしかば厚く葬りて跡ねもごろに吊ひ
石のしるしを建てゝ、之れに書きつけゝるは

来世にてならば仏果をえのころよ南無阿弥陀ぶち／＼
In the next world, he'll gain Buddhahood, for no man is so true.
Godspeed, my namu-amida-poochie pooh, you good dog, you!

天明狂歌の大御所の朱楽菅江の愛犬の哀傷歌は可愛いでしょう。

Words he dressed in fin and tail, even dead, stay dapper,
flapping alive as we partake – Teiryû is still the Snapper!
新しい尾びれの付た言の葉は死後まではねる鯛屋貞柳
His words live on, & convulsed with laughter, who is dead?
Like sashimi, moving still, 'Snapper' Teiryû is forever read.

貞柳の哀傷や年々の忌の狂歌は万首もあると思う。門と門の間の記憶が長くて百年も続いた！敬愚も何百首を読んでいる。上記は 1737 年の三年忌に出た『狂歌戒の鯛』にある息子の柳因の狂歌で、氏名の鯛屋を活かす。尾鰭の意訳が異訳に転じた二番目の狂訳に当魚の刺身の特徴も加えた。タイが英国で sea bream が、米語の snapper また red snapper にした理由は snapper は又語句のオチになるし、snap に弾きあるからです。Mad In Translation を書いた前に読んだ『狂歌大観』の古狂歌に鯛という魚が、昔から読んだ俳句に比べて頻繁に出たのを不思議がって、拙著の捧げのためにこう詠んだ。

狂歌師に鯛ほど似合う魚がなき
喰うも喰われも同じおめでたい

あと書

短縮版で十万語を越えたくないで、日本さることながら本書の尾もちょん切るかと思って、上記の「おめでたい」ところで、いきなり筆を投げた。が、今日 2017.8.17 本のペイジが四で割る上に最後のペイジを白状に残すべきという印刷屋のルールもあって、たまたま数頁も残ることに気づいた。小生は偶々主義者（その点ユング派でしょうね）だから、自分より大なる力より責任をもって読者諸君にもう少し情報を加えなければならないぞという命令と受けた。或いは、本を造る為に死んだ樹木の犠牲を感じて白紙を残すと良心も無意識に咎める（フロイド派でもなる）が、ともかく。書く。

文献

狂歌の九割以上は、明治書院の『狂歌大観』と和泉書院の『近世上方狂歌叢書』と東京堂出版の『江戸狂歌本選集』に入る数百冊の江戸以前の狂歌集や歌合せ等。『古狂歌 ご笑納ください』ではTとKとEプラス格シリーズの番号も出す。和歌の八割は手元になる『夫木和歌抄』か日文研の和歌 DB。文献と人物に関する多くの情報は吉岡生夫のウェブサイトは詳しい。或る首の出典をどうしても早く知りたければ、敬愚に連絡取ったら 99%は直ぐ調べてあげます。

過程

在日の 1990 頃から万葉と古今集と山家集の古典と 1995 から一茶と芭蕉と蕪村を初めに子規の類別俳句大全までも古句を独学した。帰国後、五千句英訳も入る海鼠と桜と蝿をめぐる三冊を出版したが、狂歌と無縁だった。2007 年の秋にマイアミを急に捨てて、癌と格闘中で「クリスマスまで命がない」という妹の田舎へ引っ越したが、なんと五年間の格闘になって、その間に孤独の鬱や知的堕落を生き残る為に狂歌を読み、そして脚韻の英訳も始めた。その笑いの慰みと刺激、つまり毎日の狂歌という気の薬のおかげで若さも保った。そして、結局、これになった。

経歴（後ろの表紙のための小史に少々手を入れて）

教授じゃない。日本の古文どころか、文学そのものも専攻としなかった、海鼠同様に、無い物だらけ、美しくない日本語の僕ながら、古狂歌を日本人に紹介する事は、変だろう。が、何かに惚れったら、他人と分かち合えたくなります。狂号「敬愚」の我は、誰か。心身も若いが、五年前に「愚に返たる」米人の老人かな？

昔々、日本人と外人つまり互いの文化と言語を対極的に描いた「日本人論」を解剖、否や事実例証で反論した一連の和書（『反＝日本人論』『誤訳天国』『英語はこんなにニッポン語』等）を著したロビン・ギルですが、井上ひさし、なだいなだ、板坂元、松岡正剛諸氏の「日本人に淫することなく、一つの文化論を展開してゆく…古い世代が良いにつけ悪いにつけ持っていた偏見にとらわれていないところが特徴」とか「著者のヘンリー・ソローばりの自然主義感もすばらしく。…ハヤリのジャパン・アズ・ナンバーワン型を十冊読むよりずっと気分がいい」）の好評を名誉に思いながら、ベストセラーの錦を着て帰国する幸運こそなかった。

帰国は 1998 年。2003 年より出した洋書は古句ながら、本書と無関係でもない。Poetry は poetry だから。国際俳句の一人者だった故 William J. Higginson の五頁の米一俳句誌 Modern Haiku の 5 頁の（一茶にちなむ、受け海鼠古今千句なる）Rise, Ye Sea Slugs!　書評より「かつて日本語から訳された排句が、これほどにしっかりと息を吹き返したことはなかった」と絶賛。三千古句ある Cherry Blossom Epiphany について古今集の一人者の L・Cook 教授は「新しく創ろう」がエズラ パウンドの詩訳の第一ルルだったが、ギルは誰よりも効果的に英語で俳句を再建している。」。洋書十三冊著したから、数十年ぶりの和書。一度に三冊の古狂歌の本。書き終えたばかりで、書評はまだですが、立ち読みでもなさって、原文解読のための道具にもなった、主に脚韻を踏んだ狂訳（これを translation よりも re-creation 遊びないし再創造による復活）を原文の和歌と一緒に、ご笑納ください。　敬愚

以上は、表紙の為の文章。さて、読者諸君、お判りでしょうか。お金持ち或いは大出版社がもとに出版されたら、自画自賛ではなく第三者による第三者を書く経歴になります。経歴まで自分で書かなければならないからこそ、われら貧乏の物書きは、例の成語句の通り「暇無し」。残念だ。下手な文章を磨く時間＝お金要る。

狂歌は不可欠になる八点

●狂歌ほど日本語の面白さと特異性を楽しく子供と若者に教えるジャンルは他ないから、教科書や名歌句集やＮＨＫ番組などに殆ど紹介されていない事が国語教育の大損だ。
●俳諧・和歌・川柳の用例が多い『日本国語大辞典』にも、狂歌の用例が相当少ない。より面白い用例、古い用例、歌例まだない単語も詠む狂歌を、十倍も増やさないと辞典魔も研究者も大損。
●1990 年代より続いた日本の不景気、想像・創造力不振に対し、古狂歌の馬鹿の勇気と元気なる自由自在の遊びが気の薬と力源になるものの、読まず嫌いが国民の経済と生活も大損。
●狂歌の存在を意識しないと見付けないから、田辺聖子の大小説『ひねくれた一茶』にも彼の悪口傑作の狂歌「～棒にふる郷の人の紙魚／＼憎き面」も登場し無ければ、ちゃんばらドラマや落語にも見逃された狂歌の数々の笑点も大損。
●『古狂歌 滑稽の蒸すまで』をご覧になったら判りやすいが、年賀、誕生日カード、新家祝、お土産の贈答、暑中見舞、追善、その他の日常生活のどんな事にも役立つ古狂歌を詠めるように成るか、気楽に選ぶ「今日の狂歌」のウェブサイトか他の狂歌を販売する企業がなければ、人生と季節の節々も空しく経つが大損。
●吉丸の 1812 年の上方狂歌「碑となりて物言いに出る石あれバ言わで其まゝ動かぬも有り」は現実に過ぎないが、歌碑にお誂え向きの首は、沢山あるを、石に、卒塔婆に書かねば、見逃された人と歌を思えば、繊細な人の目が潤む程の大損。
●古狂歌を知らずは、短歌の由来（吉岡生夫の著書が例証をもって、丁寧に論ずるように）も知らないことで、歌の可能性も知りかねるから、歌人こそ誰よりも大損。
●二ヶ国語を話す人も一語の人の初期痴呆症患者より数年も長く元気に生きられるが、笑いも長生きに良いと思う。屁理屈と掛詞をよく相手にする脳の神経に、二ヶ国語の方と似通った余力が育てば同効果もあるはず。狂歌をよまなければ、老後の健康も大損。

www.ingramcontent.com/pod-product-compliance
Lightning Source LLC
Chambersburg PA
CBHW081131090426
42737CB00018B/3292
* 9 7 8 0 9 9 7 9 4 6 3 3 8 *